일본 현지 반찬 대백과

스가와라 요시미 지음
김정원 옮김

어서 오세요, 일본 현지

가장 좋아하는 반찬은 무엇인가요?

이 질문에 누군가 '달걀 요리와 사시미'라고 대답했다면, 그 의견에 동의하는 일본인이 적지 않을 것이다. 나에게도 달걀밥은 '최후의 만찬' 후보이고, 나 역시 '어촌 식당의 사시미 정식이 최고'라고 생각하기 때문에 적극 찬성이다. 그런데 다른 사람이 최고의 반찬으로 '라듐 달걀(온천 달걀)과 말고기 사시미'라고 답하면서 "말고기 사시미는 당연히 가라시미소(겨자를 넣은 시로미소)에 찍어 먹는다"라고 답한다면 어떨까? 후쿠시마현의 일부 지역 사람들만 동의할 것이다.

우리가 밥과 함께 먹는 요리의 총칭인 '반찬'은 일본 전역을 둘러보면 개성이 매우 풍부하다. 지역마다 현지 식재료를 사용하고, 전통 조리법으로 만드는 등 그 지역의 풍토와 문화가 얽혀 있다. 일본 방방곡곡에서 예로부터 먹어온 '현지 반찬'이 이 책의 주제다. '전국 각지의 현지 슈퍼 등에서 꾸준히 판매되고 있는 그 지역 특유의 반찬' 중에서 대표적인 것을 골라, 제조업체의 역사, 현지에 뿌리내려 사랑받게 된 배경 등도 함께 소개하고 있다. 이 책을 위해 상품 선정과 집필을 맡은 것은 전국의 현지 슈퍼 약 1,000곳을 자비로 돌아다니며 현지 음식을 4만 끼 이상 맛본 슈퍼마켓 연구가 스가와

반찬의 세계로!

라 요시미菅原佳己이다. 슈퍼마켓 연구의 계기가 된 것은 스무 살 때 처음으로 도쿄를 떠나 살게 된 아이치현 도요타시의 슈퍼에서 느낀 '이질감'이었다.

미소 매장에는 콩으로만 만든 미소만 가득하고, 구시카쓰串カツ는 달달한 미소 소스에 푹 담근 미소카쓰만 있고(소스 선택은 없다), 간장은 '이치비키', 소스는 '고미', 카레는 '오리엔탈' 등 자세히 보면 브랜드가 어딘가 달랐다. 도쿄에서는 본 적 없는 세계가 펼쳐져 있었다. 나중에 그 이질감이 '현지색'이라는 것을 알게 되었고, 현지인이 좋아하는 맛과 현지 업체의 스테디셀러 상품이 있는 현지 슈퍼의 매력에 사로잡혀 현재에 이르고 있다.

이 책에서는 신상품이나 최근 트렌드, 혹은 '현지 포테이토칩'과 같은 기획이 아닌, 가족이나 고향을 떠올리게 하는 현지의 일상 음식이나 특별한 날에 빠질 수 없는 향토요리에 초점을 맞췄다. '고향을 떠올리게 하는 책', 혹은 '낯선 식문화를 생각하는 책'을 목표로 했다. 책장을 넘기면, 현지의 슈퍼와 각지의 밥상으로 이어진다. 배뿐만 아니라 마음까지 든든히 채워주는 현지 고유 반찬의 매력을 마음껏 즐겨보자.

어서 오세요, 일본 현지 반찬의 세계로!

지은이 스가와라 요시미菅原佳己

1965년생 슈퍼마켓 연구가. 2012년에 출간한 《일본 전국 현지 슈퍼에서 발굴한 일품》이 대히트를 치며 일약 주목을 받았다. 또한 TBS 방송 〈마쓰코의 모르는 세계〉 출연 당시 소개한 기후현 다카야마시의 숨겨진 일상식 '아게즈케(유부 간장 절임)'가 큰 인기를 얻으며 현지 슈퍼마켓 붐을 일으킨 주역이 되었다. 이후 TV, 라디오, 신문, 잡지 등 다양한 매체에 출연했다. 2019년에는 일반 사단법인 '전국현지슈퍼협회'를 설립해 전국의 숨은 식문화를 발굴하고 그 매력을 전하고 있다.

옮긴이 김정원

일본 실용서 위주로 번역을 하고 있다.

NIHON GOTOCHI CHAIN TAIZEN
Copyright © TATSUMI PUBLISHING CO., LTD. 2024
All rights reserved.
Original Japanese edition published by TATSUMI PUBLISHING CO., LTD.
This Korean edition is published by arrangement with TATSUMI PUBLISHING CO., LTD., Tokyo through AMO AGENCY, Korea.

이 책의 한국어판 저작권은 AMO에이전시를 통해 저작권자와 독점 계약한 (주)출판사 클에 있습니다.
저작권법에 의해 한국 내에서 보호를 받는 저작물이므로 무단 전재와 무단 복제를 금합니다.

일본 현지 반찬 대백과

1판 1쇄 펴냄 2025년 5월 7일
1판 2쇄 펴냄 2025년 5월 23일

지은이 스가와라 요시미
옮긴이 김정원

펴낸이 김경태 | **편집** 조현주 홍경화 강가연
디자인 육일구디자인 / 박정영 김재현 | **마케팅** 유진선 강주영 정보경
펴낸곳 (주)출판사 클
출판등록 2012년 1월 5일 제311-2012-02호
주소 03385 서울시 은평구 연서로26길 25-4
전화 070-4176-4680 | **팩스** 02-354-4680 | **이메일** bookkl@bookkl.com

ISBN 979-11-94374-26-8 13590

잘못된 책은 바꾸어드립니다.

출판사 클의 책을 만나보세요.

차례

어서 오세요, '일본 현지 반찬'의 세계로! ⋯⋯⋯⋯⋯⋯⋯⋯⋯⋯⋯⋯⋯⋯⋯⋯⋯⋯⋯⋯⋯⋯ 2
이 책을 읽기 전에 알아두어야 할 단어들 ⋯⋯⋯⋯⋯⋯⋯⋯⋯⋯⋯⋯⋯⋯⋯⋯⋯⋯⋯ 9

권두 특집 현지의 아침식사

홋카이도 고추 간장 절임 12 · 야마와사비 간장 절임 12
도호쿠 온천 달걀(라듐 달걀) 13 · 낫토 미소지루 13 · 청어알 절임 14 · 작은 청어알 절임 14
다시마 간장 절임 15 · 낫토 절임 15 · 다진 낫토 절임 16 · 연어알젓/명란젓 16
간토 양념 미소 17 · 땅콩 미소 17 · 무말랭이 소립 낫토 18 · 볏짚 발효 낫토 18
주부 대구알 조림 19 · 정어리포 19 · 낫토 20 · 박나무 잎 미소구이 20 · 오징어 먹물 젓갈 20
노자와나 절임 21 · 생와사비 절임 21
긴키 김 조림 22 · 호지차죽 23 · 뱅어 산초 조림 23
주고쿠 미역 24 · 굴간장맛 김 24-25 · 오징어 누룩 절임 25
시코쿠 양념 가다랑어 26 · 탁상 조미김 26
규슈 해초묵 27 · 후리카케 28 · 흑돼지 미소 28 · 순두부 29 · 스팸 29

1부 생선, 고기, 채소로 만든 식탁 위의 주인공
메인 반찬

생선 반찬

간장 다시마 32 · 꽁치 쌀겨 절임 32 · 얇은 사각어묵 33 · 청어 초밥 33 · 연어 젓갈 34 · 고래 육포 34 · 다시마 숙성 사시미 35 · 흰살생선 어묵 36 · 호쿠호쿠 어묵 36 · 세공 어묵 37 · 다시마말이 어묵 38 · 미꾸라지 꼬치구이 38 · 자른 미역 39 · 말린 오징어 39 · 원통형 어묵 40 · 게맛살 41 · 전복 조림 42 · 빙어 튀김 42 · 핑크 어묵 43 · 참마 어묵 43 · 반원형 어묵 43

칼럼 ❶ 현지 건식품 & 진미채 다진 다시마 44 · 실 다시마 44 · 분말 다시마 44 · 진미채 44 · 밀기울 45 · 명태채 45 · 말린 매오징어 45 · 치어포 45 · 훈연 가다랑어 46 · 데친 갯장어 46 · 정사각 어묵 47 · 우엉말이 어묵 47 · 폭신 달걀 어묵 48 · 매콤 어묵 튀김 48 · 원통형 어묵 49 · 생선 크로켓 49 · 원통형 두부 어묵 50 · 도미 어묵 51 · 날치 어묵 51 · 구운 원통형 두부 어묵 51 · 생선 크로켓 49 · 새우 어묵 52 · 생선가스 52 · 핑크 어묵포 53 · 뼈째 만든 어묵 53 · 유부말이 어묵 54 · 말린 상어 54 · 순살 가다랑어 스틱 56 · 어묵 튀김 56 · 다진 생선살 튀김 57 · 주먹밥 어묵 튀김 57

칼럼 ❷ 신선식품 반찬 '생선' 상어 머리 58 · 삶은 문어 아가미 58 · 우유병에 담긴 성게 58 · 왕밤송이게 59 · 도루묵 59 · 염장 방어 59 · 선어, 바다포도 59

고기 반찬

센다이 쇼잔칸 소시지 60 · 말 사시미 60 · 마늘 미소 60 · 돼지 내장 61 · 곱창 조림 62 · 마늘맛 곱창 62 · 스테이크햄 63 · 소와 돼지 내장 조림 63 · 양고기구이 64 · 갈매기살과 돼지 곱창 65 · 부채꼴 소시지 66 · 메이호햄 67 · 묘가타햄 67 · 폴 비엔나 68 · 하와이안 포치키(매운맛) 68 · 닭날개 튀김 69 · 포크 소시지 70 · 양념 고기 70 · 구운 족발 71 · 족발 72 · 내장 미소 조림 72 · 포루토기스 소시지 73

칼럼 ❸ 히다의 향토요리 게짱(양념 닭구이) 74-75

채소 반찬

삶은 라완 머위 76 · 속을 채운 오이 절임 76 · 달걀 두부 77 · 오이 절임 78 · 삼각 유부 78 · 으깬 밥 꼬치구이 79 · 차조기 미소말이 구이 79 · 훈제 단무지 80 · 차조기 단무지말이 절임 80 · 차조기 오이말이 절임 80 · 가지 절임 81 · 국화 채소 절임 81 · 두부피 튀김 82 · 두부피 조림 82 · 두부피 사시미 82 · 곤약 미소 오뎅 83 · 샤쿠시나 절임 83 · 월과 절임 84 · 통유부 84 · 정사각 통유부 85 · 으깬 콩 85 · 참깨 두부 86 · 호두 참깨 두부 86 · 참깨 두부 86-87 · 두부 같은 유부 튀김 87 · 순무 채소 절임 88 · 붉은 토란대 절임 88 · 붉은 순무 절임 89 · 순무 잎 무염 절임 89 · 유부 간장 절임 90 · 양념 두부 90 · 겨자 두부 91 · 붉은 곤약 92 · 토란대 절임 92 · 수제 유부 93 · 물가지 절임 93 · 참깨 두부 94 · 뭉친 실곤약 94 · 알배기 곤약 94 · 이야 두부 95 · 말린 콩 절임 95 · 얇은 두부 튀김 96 · 두부 튀김 96 · 달콤 참깨 양념 두부 97 · 참깨 두부 97 · 두부 미소 절임 98 · 성게 식감 두부 98 · 상온 보관 유부 99 · 땅콩 두부 99

칼럼 ❹ 신선식품 반찬 '채소' 긴 콩나물 100 · 뿌리 달린 미나리 100 · 식용국화 100 · 무화과 100 · 줄무늬 꼬투리 콩 101 · 가지 101 · 우엉 101 · 오이 101 · 적단호박 101 · 금시초 101 · 당근 101 · 그린파파야 101 · 수세미 101

2부 간편 반찬
지역의 특색이 살아 있는 통조림, 병조림, 간편식

성게 전복국 104 · 청어알 다시마 절임 104 · 청어알 무 절임 105 · 무 절임 105 · 다진 채소 미소 절임 105 · 오징어 당근 절임 106 · 술지게미 조림 106 · 닭날개 채소국 107 · 가나가와식 조림 107 · 달걀 한천묵 108 · 뿌려 먹는 햄버그 108 · 가지 생강 미소 108 · 메뚜기 조림 109 · 땅벌 유충 조림 109 · 참치 통조림 110 · 와사비 김 110 · 후리카케 111 · 쌀과자 112 · 표고버섯 조림 112 · 염장 다시마 113 · 만두 113 · 곰치 튀김 114 · 줄새우 콩 조림 114 · 달걀 두부 115 · 낫토 115 · 긴잔지미소 115 · 콩 다시마 조림 116 · 치킨라이스 분말 116 · 성게 절임 116 · 차조기 후리카케 117 · 차조기 미역 118 · 메밀쌀죽 118 · 오분자기 조림 119 · 스키야키풍 조림 119 · 잔멸치 미소 120 · 만능 반찬 생강 120 · 가다랑어 생강 고추기름 절임 120 · 보르시 121 · 흑돼지 미소/흑돼지 유자 미소 121 · 관자 술지게미 절임 122 · 닭고기밥 재료 122 · 콘비프 해시/비프스튜 123 · 류큐 요리 국물 시리즈-염소국/오징어 먹물국/삼겹살국/돼지 곱창국/족발국/돼지 곤약국 124-125

미니 특집 ❶ 현지 우동 & 소바 모리오카자자멘(이와테) 126 · 야마가타니쿠소바(야마가타) 126 · 나베야키우동(아오모리) 126 · 이나니와호시우동(아키타) 126 · 하구로소바(야마가타) 126 · 도로로우동(이와테) 127 · 페롯코우동(이와테) 127 · 요시다노우동(야마나시) 127 · 조슈히모카와(군마) 127 · 쓰유쓰케니보토(사이타마) 128 · 소쿠세키(즉석) 핫초미소니코미우동(아이치) 128 · 이세우동·양념(미에) 128 · 미소니코미우동(아이치) 128 · 니신소바(교토) 129 · 교후싯포쿠(교토) 129 · 가모가와우동(오카야마) 129 · 마쓰야마나베야키우동(에히메) 129

3부 조미료
요리를 더 맛있게 해주는 다양한 양념의 향연

조미료 1 – 간장, 쓰유, 양념, 소스, 식초
홋카이도샤부샤부노타레 진타레후미 132 · 징기스칸타레 132 · 멘미 132 · 스노모토 132 · 나마라무센요타레 133 · 도카치부타돈노타레 133 · 도쿠센징기스칸 133 · 반노쓰유 아지도라쿠노사토/반노시라쓰유 가쿠시아지 134 · 시니세노아지 쓰유 134 · 히나이지도리수프 134 · 숏쓰루 134 · 아지마루주 135 · 이모니노타레 135 · 긴부에겐엔쇼유 136 · 쇼다노쇼유 136 · 아난탄쇼유(우스쿠치) 136 · 나옷페쇼유 고이쿠치 136 · 시모사쇼유 136 · 덴요노다시쓰유 비미산 137 · 오징어 내장 어간장/정어리·전갱이 어간장/정어리 어간장 137 · 야마신시로쇼유(특급) 138 · 엔메이스 138 · 우즈마키 스노모토 138 · 하사메즈 138 · 이세시마아오사쇼유 138 · 디럭스 고이쿠치 소스 139 · 복각판 오지카소스 140 · 교노소바오우동다시 140 · 구시카쓰소스 141 · 아사히폰즈 141 · 바라소스 141 · 오타후쿠 오코노미소스 142 · 하구루마 토마토케첩 142 · 이나사 사시미쇼유 142 · 덴쿠 오코노미소스 142 · 소노만마스노모노 143 · 간로쇼유 143 · 유즈스/유노스 143 ·

독큐(특급) 바라코이쿠치쇼유 144 · 혼조조사쿠라코이쿠치쇼유 144 · 사쿠라우스구치쇼유 144 · 다카치호쿄쓰유 144 · 가쓰오아지아마쿠치 144 · 긴초소스 우스터 144 · 도무라혼텐노야키니쿠노타레 145 · 드림 No.1 스테이크 소스 145

조미료 2 - 미소, 즉석 미소시루, 향신료, 전통 조미료
오토쿠요 즉석팩 146 · 호호에미코잇텐 146 · 지치부미소 146 · 이치센본자쿠라 긴조미소 146 · 도모에 이나카미소 아카쓰부 147 · 도모에 이나카미소 시로쓰부 147 · 가네사아마미소/가네사 다시이리미소 147 · 히이 후우 미소시루. 147 · 니혼카이미소 148 · 간즈리 148 · 시치미토가라시 148 · 쓰케테미소카케테미소 149 · 핫초미소/핫초미소노오미소시루 149 · 골드아카다시 149 · 즉석 카레 150 · 즉석 하야시도비 150 · 파포 150 · 산카이부시 151 · 미잔 151 · 미산쇼 151 · 가오루카오산노아지 151 · 무기미소 151 · 도키와미소 151 · 이나카미소 152 · 골든신조미소 152 · 가키다시이리미소 152 · 즉석 가키다시이리 미소시루 152 · 다이다시이리 미소시루 152 · 풋고추 절임 152 · 무기미소(우스지오) 152 · 이요노미소시루이요노미소 153 · 오뎅미소 153 · 가쓴토오야지노 닌니쿠누타 153 · 후와후와타마고노 오스이모노 154 · 오미소야산노 쿠라즈쿠리 미소시루 154 · 이미리규노규미소시루 154 · 스미소 154 · 가라시스미소 154 · 이키테루아와세 155 · 오후쿠로아와세 155 · 이키테루미소 마루야카돈지루이키테루미소 마루야카미소시루 155 · 아오유즈코쇼 155 · 나마즈메아와세오카엣타오미소시루 155 · 피야시 156 · 마키시마무 156 · 고레구스 156

미니 특집 ❷ 현지 라멘 & 면류
그린멘(홋카이도) 157 · 가도야노야키소바(홋카이도) 157 · 페롯코라멘(이와테) 157 · 라멘스프카미(홋카이도) 157 · 마루타카야라멘(도야마) 158 · 도리추카(야마가타) 158 · 차로멘(나가노) 158 · 즉석 스가키야라멘(아이치) 158 · 덴카고멘 주카(중화)소바(야마가타) 158 · 오코사마스파게티(아이치) 159 · 스와키코라쿠추카(중화)소바(오카야마) 159 · 짬뽕멘(효고) 159 · 덴카케라멘(와카야마) 159 · 쿠루도스파게티시키멘(오카야마) 160 · 소후토스파게티(구마모토) 160 · 긴짱라멘/도쿠시마라멘/긴짱누들(도쿠시마) 160 · 야세우마(오이타) 161 · 야와타하마짬뽕(에히메) 161 · 나가사키짬뽕 완(후쿠오카) 161 · 오키코라멘(오키나와) 161 · 야에야마소바(오키나와) 161

에필로그	162
반찬 리스트	164
일본의 각 지방 이름	175
일본의 각 지방별 47개 행정구역	176

이 책을 읽기 전에 알아두어야 할 단어들

쓰케모노漬物(つけもの)
일본의 전통적인 절임 식품. 다양한 채소를 소금, 식초, 쌀겨, 된장, 간장 등으로 절여 발효하거나 숙성해서 먹는 일상 반찬이다. 한국의 김치나 장아찌와 비슷한 역할을 한다.

즈케漬け
절임. '쓰케모노'와 같은 한자를 사용하며 재료 이름 뒤에 붙어 '○○절임'을 뜻한다.

쓰쿠다니佃煮
설탕과 간장 등으로 달짝지근하게 조린 음식. 재료 이름 뒤에 붙어 '○○조림'이 된다.

모토素
본뜻은 '바탕'이며, 음식 이름 뒤에 붙어 재료, 양념, 밑간, 베이스 등을 뜻한다.

오니기리おにぎり
일식 주먹밥. 백미 안에 시거나 짠 재료를 넣고 겉을 김으로 감싼 것이 많고, 주로 삼각형이나 원통형이다. 무스비むすび, 오무스비おむすび도 같은 뜻이다.

오차즈케お茶漬け
밥에 따듯한 녹차를 부어 고명을 얹어 먹는 음식으로, '오차'는 일반적으로 녹차를 뜻한다.

후리카케ふりかけ
밥에 뿌려 먹는 조미료. 김이나 참깨, 가다랑어포(가쓰오부시), 소금 등을 혼합한 가루로 제조사별로 말린 채소나 건어물 등을 다양하게 사용한다. 오차즈케나 오니기리, 볶음밥에 사용하기도 한다.

가마보코かまぼこ
어묵의 일종. 흰살생선을 갈아서 만든 반죽을 찌거나 구운 일본 전통 어육 가공식품이다.

미소味噌
일본 된장. 한국 된장과 달리 콩에 누룩을 섞어 만든다. 밝은 색의 달달한 시로미소白味噌, 진한 맛의 적갈색 아카미소赤味噌, 쌀이 아닌 보리 누룩을 첨가한 무기미소麦味噌 등이 있다.

쇼유醬油(しょうゆ)
일본식 간장. 고이구치쇼유濃口는 기본 간장, 우스구치쇼유淡口는 소금 함유량은 높지만 색이나 향이 약한 간장이다.

쓰유つゆ
'쇼유'에 가다랑어, 다시마 등을 넣어 맛을 낸 일본식 간장. 우동, 소바, 조림, 소스 등에 다양하게 사용되며 농축된 제품이 많다.

콘부昆布 : 다시마
아부라아게油揚げ(あぶらあげ) : 유부
호루몬ホルモン(ほるもん) : 소, 돼지 등의 내장
지쿠와/치쿠와竹輪(ちくわ) : 가운데가 뚫린 원통형 어묵
도후/토후豆腐(どうふ) : 두부
누카糠 : 쌀겨
시소しそ : 차조기 잎
고마ごま : 참깨
시루/지루汁(しる/じる) : 국, 국물

현지의 아침식사
권두 특집

대표 반찬은 숙소의 아침식사와 현지 슈퍼에서 드러난다

전국의 현지 슈퍼를 돌아다니며 얻은 정보를 기사로 쓰거나 TV에 소개하는 슈퍼마켓 연구자인 나는 어차피 슈퍼에서 사온 반찬이나 도시락을 먹지 않으면 일이 손에 잡히지 않는다. 그래서 숙소를 예약할 때 저녁식사를 선택하지 않는다. 단, 아침식사는 조사 차원에서 숙소에서 먹는다.

숙소의 아침식사는 조금 고급스러운 밥상이든, 원하는 것을 마음껏 먹을 수 있는 뷔페식이든, 서양식보다는 일본식 조식을 선택하는 것이 좋다. 왜냐하면 그 지역이 자랑하는 '현지 조식'이 나올 확률이 높기 때문이다.

나라에 있는 호텔에서는 현지의 아침식사 '차가유젠茶粥膳'을 만날 수 있었다. '오카이산おかいさん'이라고도 불리는 이 음식은 호지차에 밥을 넣고 끓인 것으로, 끈기가 적어 입맛이 없는 아침에도 부담 없이 먹을 수 있다. 사찰 승려들의 아침밥이었던 것이 서민들에게도 널리 퍼진 역사가 있어 "야마토大和(나라의 옛 이름)의 아침은 차가유로 시작된다"는 말이 있을 정도다.

또한 아오모리의 아침식사에서 기뻤던 것은 작은 그릇에 조금씩 담긴 어란과 잘게 썬 다시마 간장 절임이었다. 간장 맛이 진한 것은 겨울에 중요한 저장식품이었기 때문이다.

이렇게 만난 대표 반찬을 여행지의 현지 슈퍼에서 찾아보는 것도 추천하고 싶다. 사서 가져가면 한동안 여행의 추억에 잠길 수 있을 것이다. 물론 현지 빵이나 현지 우유 등도 있으니 아침에 빵을 먹는 사람도 분명 즐거워지는 무언가를 발견할 수 있을 것이다.

홋카이도의 아침식사에 빠질 수 없다!
밥맛을 돋우는 투 톱 반찬

고추 간장 절임 산쇼즈케
三升漬
야마시타식품 山下食品

> 석 되로는 부족하다고!?
> 감칠맛과 매운맛의 저장식

아오난반青南蛮(풋고추), 간장, 누룩을 각각 한 되(쇼)씩 나무통에 넣고 총 석 되(산쇼)를 담근다고 해서 '산쇼즈케'라고 불린다. 홋카이도·도호쿠 지방의 가정에서 만들던 저장식이 지금은 먹고 싶을 때 소량으로 살 수 있는 반찬으로 바뀌었다. 그래서 병을 자세히 보면 나무통 모양이다. 매콤한 간장 맛으로 밥맛을 돋우는 동료 '야마와사비쇼유즈케'(아래)와 제조업체는 다르지만 둘이 항상 나란히 진열되어 있다.

밥에 뿌려 먹는 것 외에 두부나 낫토 등에 간장 대신 사용하는 것이 홋카이도에서 먹는 방법이다.

야마와사비 간장 절임 야마와사비쇼유즈케
山わさび醤油漬
오리온식품공업 オリオン食品工業

해외에서 들여온 호스래디시가 홋카이도에 자생하게 되면서 야마와사비山わさび라고 불리게 되었다. 이른 봄 산의 흙 속에서 캐낸 야마와사비를 씻고 갈아서 밥에 얹어 간장을 뿌려 먹는 것은 홋카이도 주민들만 누리는 봄의 즐거움이다. 물론 산에 가지 않아도 간장에 절인 야마와사비를 사시미나 구운 고기에 곁들여 사계절 내내 맛볼 수 있다.

개성 넘치는 달걀과 낫토 3종은 인기 있는 밥반찬!

복고풍의 종이 포장, 걸쭉한 흰자와 끈적끈적하고 진한 노른자가 매력적인, 이자카온천飯坂温泉 주변의 여러 업체에서 만드는 온천 달걀이다. 1898년 퀴리 부부가 라듐의 존재를 발견한 후, 일본에서 최초로 라듐이 확인된 곳이 이자카온천인 데서 유래했다.

온천 달걀(라듐 달걀) 라지우무타마고 ラヂウム玉子
후쿠시마 하이에그 福島ハイエッグ

진한 맛의 노른자와 부드러운 맛의 흰자

흰자와 노른자가 굳는 온도차를 이용해 온천에 담가 만든다. 후쿠시마 하이에그 제품은 노른자가 끈적끈적하게 굳은 것이 특징이다.

낫토 미소지루 낫토지루노모토 納豆汁の素
가쿠노다테낫토제조소 角館納豆製造所

민요 〈아키타온도秋田音頭〉에도 낫토가 명물 중 하나로 등장한다. 버섯이나 소금에 절인 산나물을 재료(모토)로 한 낫토지루(낫토국물)는 아키타현 남부의 향토음식이다. 바쁜 아침에는 낫토를 갈아서 미소로 간을 맞춘 '낫토지루 노모토'가 편리하다. 낫토는 본래 겨울에 먹는 음식으로, 낫토지루는 몸속까지 따뜻하게 해준다.

아오모리

청어알 절임 네부타즈케 ねぶた漬
야마모토식품 ヤマモト食品

간장에 절인 큼지막한 청어알, 씹는 맛이 있는 무와 오이, 감칠맛 나는 오징어, 쫄깃쫄깃한 다시마로 만든 조금은 호화로운 저장식으로, 1966년 출시 이후 현지인에게는 선물용으로도 인기. 슈퍼의 스테디셀러 상품이지만, 튼실한 상자에 포장된 상품을 집에서 먹으려고 산다면 약간의 용기와 재력이 있어야 한다. 재력이 없어도 밥 한 공기에 딱 먹기 좋은 사이즈도 있다.

'어란+다시마' 같은 반찬은 현지 슈퍼에서 흔히 볼 수 있다!

즐거운 광고

톡톡 튀는 사운드에 맞춰 소년이 아지요시를 반찬으로 밥을 세 공기나 더 먹는 광고 '학급의 영웅 편'.

아오모리

작은 청어알 절임 아지요시 味よし
야마모토식품 ヤマモト食品

청어알의 존재감이 압도적인 고급스런 '네부타즈케'에 비해 작은 청어알을 사용해 매일 먹을 수 있는 가격과 맛을 추구한 '아지요시'. 끈적끈적한 다시마가 모든 재료를 한데 뭉치게 해서 밥에 얹어 먹기 좋게 만들었다. 1960년 이래로 꾸준히 팔리는 상품으로 이와시타식품岩下食品의 신쇼가(햇생강 절임)를 넣은 것 등 콜라보 상품도 속속 등장하고 있다.

다시마와 쌀누룩이 만나 맛있게 매끈매끈 끈적끈적!

다시마 간장 절임 쓰루타로 つる太郎
야마모토식품ヤマモト食品

아오모리

독특한 광고

TV 광고에서는 아오모리현 쓰루타鶴田시의 유명한 이벤트인 '흡착판을 대머리에 붙이고 줄다리기'에서 '쓰루타 벗겨져요 모임' 사람들과 매끈매끈함을 겨뤘다.

매끈매끈하고 끈적끈적한 다시마와 누룩을 간장에 절인 다시마 반찬 '쓰루타로'. 청어알이나 해산물은 들어가 있지 않지만, 이 회사의 '네부타즈케'나 '아지요시'만큼 밥도둑이다. 흰 쌀밥에 얹어 먹는 것 외에도 달걀밥, 낫토, 다진 오이, 두부 등 다양한 재료를 도호쿠 지방 취향의 끈적끈적한 다시마 풍미로 바꿔서 즐길 수 있다.

아침식사나 저녁 술자리에서 미식가들의 입맛을 사로잡는 일품!

낫토 절임 유키미즈케 雪見漬
후쿠시마
신타상점新田商店

엄동설한의 아이즈会津에서 저장식으로 만들었던 낫토의 소금 절임을, 야마가타의 '유키와리낫토'(16쪽)에서 힌트를 얻어 독자적으로 개발한 낫토 절임이다. 유통기한은 무려 8개월! 소금에 절인 낫토를 누룩, 설탕, 맛술로 맛을 내 감칠맛이 난다. '눈 구경'이라는 풍류가 담긴 이름과 포장지를 보고 있으면 술이 절로 들어갈 것 같다.

갈아 만든 낫토를 소금과 누룩으로 숙성시킨 야마가타 전통의 저장식 '고토낫토五斗納豆'가 그 뿌리다. 유통기한은 3개월. 오니기리와 오차즈케에 어울리는, 미소와 낫토의 중간 맛. 상서로운 초봄에 하는 농작업인 유키와리雪割(얼어붙은 눈을 깨서 지표면을 드러내기)가 이름의 유래이며, 수험 시즌에는 '합격 기원' 패키지에 벚꽃이 핀다.

야마가타

다진 낫토 절임
유키와리낫토 雪割納豆

유킨코 ゆきんこ

따뜻한 밥이나 오차즈케, 오니기리의 재료로도 안성맞춤

'낫토 풍미의 미소' 같은 짠맛이기 때문에 낫토처럼 한꺼번에 뿌리는 것은 금물이다. 오차즈케에 얹으면 거의 낫토지루가 된다.

알알이 맛있는 염분 & 푸딩 질감♪

연어알젓 & 명란젓
스지코 & 다라코 すじこ&たらこ

(도호쿠 일대)

도호쿠 사람들은 어란을 좋아한다. 명란젓(다라코)은 밥과 함께 먹고, 촉촉하고 짭짤한 맛의 연어알젓(스지코)은 오니기리의 필수 재료이다. 같은 연어알, 송어알이라도 난소막에 싸여 있는 작은 알로 된 연어알젓이 더 저렴하고 일상적이다. 가을 햅쌀 시즌에는 연어알젓과 명란젓을 세트로 판매하는 슈퍼도 있다. 염분이나 푸딩 질감을 오히려 즐기는 인생이 여기에 있다!

사이타마의 '오나메', 지바의 '미소피'
이바라키를 대표하는 명물 낫토 2종!

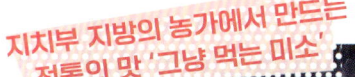

지치부 지방의 농가에서 만드는 전통의 맛 '그냥 먹는 미소'

양념 미소 지치부오나메
秩父おなめ
아라이부헤이상점 新井武平商店

 사이타마

도심에서 당일치기 여행으로 인기가 높은 사이타마현 서부인 지치부秩父 지방은 양질의 콩과 보리의 산지이다. 보리누룩과 콩을 발효시킨 오나메는 향토음식이자 농가에서 직접 만든 반찬용 미소로, 젓가락을 핥을 정도로 맛있다는 뜻이라고 한다 ('나메'는 핥는다는 뜻의 동사 어간). 집에서 만드는 사람이 줄어들어 쇼와시대(1926~1989년) 초기에 창업한 아라이부헤이상점의 가지와 생강, 단맛을 더한 '지치부오나메'가 대표적이다. 민예품 같은 포장이 맛을 더욱 돋보이게 한다.

땅콩 미소 피낫쓰미소
ピーナッツみそ
후지쇼식품 富士正食品
지바

치바의 초등학생들을 '빵에 넣는 파'와 '직접 먹는 파'로 양분한 급식용 '땅콩꿀(피나쓰하니)'.

'미소피'라고 불리는 이 미소는 바삭바삭한 땅콩에 달콤한 미소를 입힌 지바의 가정요리이다. 후지쇼식품에서는 1964년에 먹기 편하게 굳힌 미소와, 땅콩이 부서지지 않는 제조법을 확립하여 판매를 시작했다. 밥에, 빵에, 다과에, 그리고 안주로도 먹을 수 있는 만능 식품.

미토의 전통음식 소립 낫토 씹는 맛을 더한 소보로낫토

무말랭이 소립 낫토   <small>소보로낫토 そぼろ納豆</small>   **이바라키**
다루마식품 だるま食品

미토水戶 낫토의 특징은 소립대두小粒大豆(알이 작은 콩)인데, 옛날에 태풍이 오기 전에 수확할 수 있는 조생 소립대두 재배가 장려되었기 때문이다. 그 소립 낫토를 사용한 '소보로낫토'는 가정에서 만들어온 반찬이다. 3대째 이어져 내려오는 다루마식품의 '소보로낫토'는 소립 낫토에 무말랭이를 섞어 간장과 미림으로 간을 맞춘다. 약간 단맛이 나며, 씹는 맛과 풍미가 뛰어나다.

볏짚 발효 낫토   <small>와라낫토 わら納豆</small>   **이바라키**
다루마식품 だるま食品

삶은 콩을 짚(와라)으로 싸서 짚에 붙어 있는 자연계 낫토균으로 낫토로 변화시키는 것이 전통 제조법이다. 다루마식품에서는 미리 낫토균을 첨가한 삶은 콩을 사용한다. 이를 살균한 볏짚으로 싸서 발효시켜 팩에 담긴 낫토에는 없는 풍미를 제공한다.

다루마식품의 역사

1948년 창업. 1970년대 중반부터 1980년대 중반까지, '와라낫토'를 손으로 포장하던 시대에서 팩 낫토 자동 라인의 시대로 넘어가면서 큰 도약을 이루었다. 미토역 앞 전광판 광고는 쇼와시대의 SNS였다. 여러 회사의 낫토 중에서 소비자에게 선택받는 효과를 얻었다.

주부 中部

개성파 통조림 '다라노코아지쓰케' 스테디셀러인 '노자와나즈케' '와사비즈케'!

흰 쌀밥에 스며든다~
달콤짭짤한 국물까지 얹어 먹는 현지식

이시카와

대구알 조림 다라노코아지쓰케 たらの子味付
신야 シンヤ

가나자와의 신야가 다이쇼시대(1912~1926년)에 출시하여 지금도 도야마·이시카와·후쿠이에서만 연간 8만 캔 이상 판매되는 통조림. 내용물은 대구알을 달콤짭짤하게 익힌 반찬이다. 라벨의 그림보다 더 적나라한 내용물도 충격적이다. 명태알이 아닌 대구알로, 큰 것은 '단면이 통조림 지름과 같다'니 놀라울 따름이다.

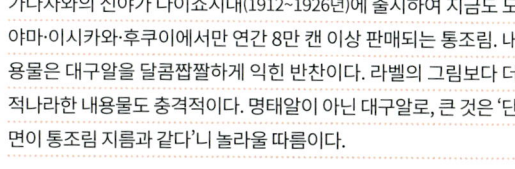

리어카로 인근 현에서 이동판매를 하며 상품의 인기를 높이려 했던 쇼와시대 초기의 공장 모습. 1923년 제조를 시작한 이래로 지역 특산품인 오노大野간장을 사용한 전통의 비법 양념으로 포슬포슬하게 조리하고 있다.

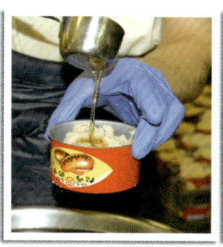
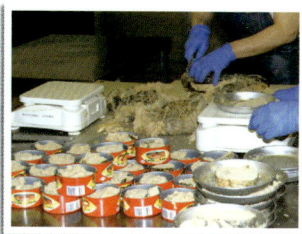

시즈오카

정어리포 간바라이와시케즈리부시 蒲原鰯削りぶし
스기야마상점 杉山商店

도카이도東海道(혼슈의 태평양쪽 중부)의 후지강 서쪽 기슭은 정어리(이와시)를 말려 얇게 깎은 포(케즈리부시)로 유명한 간바라. 오뎅과 야키소바에 말린 정어리포를 많이 사용하는 지역으로, 간바라는 약속된 맛의 상징이다. 시즈오카 현지인은 밥에 뿌리고 간장을 살짝 떨어뜨린 '붓카케메시ぶっかけめし'가 최고라고 극찬한다.

낫토
아지쓰케 다이리키낫토 味付大力納豆
국산 다이리키낫토 国産大力納豆

다이리키낫토大力納豆

1936년 창업 당시 니가타 사람들은 겨울에 만든 낫토에 쌀누룩과 소금을 섞은 통칭 '나쓰낫토夏納豆(여름낫토)'를 먹었다고 한다. 창업자는 나쓰낫토를 상품화하여 감칠맛이 나는 '누룩을 넣은 낫토'라는 이름으로 상품화했는데, 결국 지금도 '나쓰낫토'로 불리고 있다.

니가타

히다飛騨 지방(기후현 북부)의 향토 음식 '호바미소'. 산에 자생하는 박나무의 잎을 접시로 사용해서 달콤한 맛의 현지 미소와 버섯, 파 등의 재료를 올려 직화로 구우면 신기하게도 잎은 타지 않는다. 미소 굽는 냄새만으로도 밥이 술술 넘어가는 최강 반찬이다. 현지 슈퍼인 '패밀리스토어 사토'의 PB상품이기도 한 단골 메뉴다.

기후 **박나무 잎 미소구이** 호바미소 朴葉みそ
히다타카야마사토飛騨高山さとう

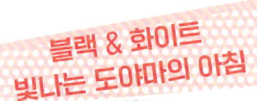
블랙 & 화이트
빛나는 도야마의 아침

도야마 **오징어 먹물 젓갈** 이카쿠로즈쿠리 いか黒作
구로즈쿠리 黒作り
이시바시수산식품石橋水産食品
에비요네수산가공蛯米水産加工

도야마의 명물 '구로즈쿠리'. 생오징어를 맛있게 오래 먹을 수 있도록 오징어 먹물과 방부 효과가 있는 감칠맛을 이용한 전통음식이다. 흰 쌀밥이 새까맣게 물드는 충격적인 칠흑색이지만, 맛은 젓갈보다 먹기 편하고 순하다. 그 역사는 300년이 넘는 것으로 알려져 있으며, 여러 업체가 각각의 제조법으로 맛의 경쟁을 벌이고 있다.

신슈의 대표 쓰케모노! 부드럽고 자연스러운 맛

노자와나 절임 <small>노자와나즈케 野沢菜漬</small>

쓰루야 ツルヤ

(나가노)

잎과 뿌리를 모두 쓰케모노로 만드는 노자와나는 잎이 큰 순무 잎의 일종으로, 주로 노자와온천을 중심으로 한 신에쓰信越 지방(나가노·니가타)에서 재배된다. 오차즈케와 오야키おやき(속재료로 채소 등을 넣는 메밀 찐빵 같은 음식)의 재료로 쓰이는 등, 신슈의 식생활에서 빼놓을 수 없는 쓰케모노가 바로 '노자와나즈케'. 잼 등 고품질 오리지널 상품으로 유명한 나가노의 슈퍼 쓰루야에서도 단골이 많은 인기 상품이다. 자연 풍미, 간장맛, 와사비맛이 있다.

다양한 종류가 있다! 여러 가지 와사비즈케

생와사비 절임 <small>와사비즈케 わさび漬</small>

(시즈오카)

어른이 되면 잘 먹게 되는 대표적인 음식 '와사비즈케'. 톡 쏘는 매운 와사비의 줄기와 뿌리를 소금에 절인 후, 달콤하게 조미한 술지게미에 절인 맛은 중독성이 강하다. 쇼와시대의 역 매점이나 신칸센 차내 판매로 기념품 이미지가 굳어졌지만, 원래는 전통 있는 시즈오카의 향토음식이다. 현지에서는 자신의 취향에 맞는 와사비즈케를 골라 즐길 만큼 일상식이며, 슈퍼에는 여러 회사의 상품이 진열되어 있다.

오사카·효고에서 오래 사랑받는 '김 쓰쿠다니'
나라의 '차가유', 교토의 '오반자이'!

노리노리

김 조림 이소지만磯じまん
노리노리のりのり
오사카
이소지만磯じまん

이소지만

'이소지만'은 풍미 좋은 푸른 김의 질이 높고, 한 병에 들어 있는 김의 양이 많은 것이 자랑이다. 빵에도 잘 어울리도록 단맛을 낸 '노리노리'도 인기다.

서일본 사람이라면 누구나 부를 수 있는 CM송 "'이로하'의 '이' 자는 이소지만♪". 첫 상품명이 사명이 된 이소지만은 1926년 창업했다. 김(노리) 쓰쿠다니인 '이소지만'과 '노리노리', 표고버섯 쓰쿠다니, 매실 가공품 등 편리하게 반찬을 병에 담아 거의 한 세기 동안 일본 서부에서 사랑받고 있다.

전 세대를 아우르는 추억의 형태
역사 속에서도 변하지 않는 것들

'이소지만'의 옛 표기는 '磯志'まん'. 바다에 뜻을 두고 자랑스러운 맛을 전한 지 한 세기가 흘렀다. 현재 병의 어깨 부분에 새겨진 파도 무늬는 뚜껑을 열 때 미끄러지지 않도록 하기 위한 것이다.

1935년경

1950년경

2006년까지

효고

김 조림 아라!
アラ!
분센ブンセン

김 쓰쿠다니 '아라!'. 소금에 절인 다시마 시옷페(113쪽) 등 분센의 제품은 간사이에서 매우 유명하다. 간장 양조로 400년 이상의 전통을 자랑하는 효고현 다쓰노타쓰의 시에서 90년 전에 창업했다. 다른 간장 양조장의 오랜 역사를 따라잡을 수 없다며 자사 간장을 활용한 반찬에 독특한 이름을 붙였다고 한다. 아라! 대성공.

1200년 전통의 파워푸드
수행승의 아침식사

나라에서 아침식사라고 하면 '오카이산'이라고 불리는 죽, '차가유'를 꼽는다. 어려울 것 같지만, 슈퍼에서 팩으로 된 차가유용 호지차를 살 수 있기 때문에 의외로 쉽게 만들 수 있다. 이 '차가유노차' 1팩에 1.5~2리터의 물과 쌀 1되를 넣고 밥을 지으면 담백한 오카이산이 완성된다. 지역 내 최고인 차의 고장, 요시노에서 170년 이상 이어져온 가헤에혼포에서 만든 제품이다.

나라 **호지차죽** 차가유노차 茶粥の茶
가헤에혼포嘉兵衛本舗

뱅어 산초 조림 지리멘산쇼 ちりめん山椒
프렌드푸드フレンドフーズ

교토

교토의 밥 반찬으로 빼놓을 수 없는 '지리멘산쇼'. 바다에서 멀리 떨어진 교토의 지혜가 담긴 쓰쿠다니로, 구하기 쉬운 말린 뱅어(지리멘자코)와 주변 산에서 채취한 산초(산쇼) 열매로 만든 반찬이다. 고급 요리점의 기념품부터 전통 제조법으로 만든 전문점 제품, 슈퍼에서 구입할 수 있는 간편한 제품까지 다양하다.

동네 슈퍼에서 부활
니시키, 이노우에의 오반자이

니시키 시장에서 폐업한 135년 전통의 '이노우에 쓰쿠다니점'. 그 맛을 그리워하는 목소리를 받아들여 지역 슈퍼 프렌드푸드에서 부활했다. 제철 오반자이おばんざい(교토의 일상적인 반찬)로 준비되어 있다.

주고쿠 中国

시마네의 '이타와카메', 돗토리의 '스루메고지즈케' 히로시마의 '굴간장맛 조미김' 2종!

시마네

미역을 살짝 구워서 따뜻한 밥에 얹어 먹는 메노하메시めのは飯는 이 지방의 일식이다. '메노하'란 시마네에서 생산되는 구슬 장신구 마가타마의 원석인 블루아게이트青めのう의 색을 띤 미역을 말한다. 와타나베수산식품에 의하면 생산 시기는 양식이 2~4월 말, 천연이 3~5월이다. 강한 바닷내음과 아삭아삭한 식감, 적당히 남아 있는 바닷물의 자연 염분 때문에 말린 미역과는 또 다른 맛이다.

미역 이타와카메 板わかめ

와타나베수산식품 渡邊水産食品

히로시마

굴간장맛 김 미야지마카키노쇼유아지쓰케노리 宮島かきの醤油味付のり

야마이소 やま磯

세계유산 미야지마 주변 해역에서 양식된 굴(카키)을 원료로 한 사이키쇼유佐伯醤油(히로시마의 간장 브랜드)의 '미야지마카키노쇼유'. 이 간장을 사용한 조미김은 히로시마 아침 밥상 위의 왕, 야마이소에서 만든 것이다. 가정용 '반찬 김(아지쓰케오카즈노리味付おかず海苔)', 업계 최초로 탁상용 컵에 담긴 '아침밥 김(아사메시노리朝めし海苔)', 후리카케 '사루카니갓센さるかに合戦' 등 명품을 갖추고 있다.

야마이소 없이는 시작하지 않는 히로시마의 아침밥

1960년경

1949년 창업 당시에는 직접 만든 양념을 솔로 한 장 한 장 김에 바르고 말렸다고 하는 조미김 제조 공정. 그런 정성이 오래 사랑받는 상품을 만들어내고 있다.

1970년경

1975년경

굴의 감칠맛을 응축한 노포가 자랑하는 조미김

지역 슈퍼나 기념품 가게에 진열된 여행의 추억을 불러일으키는 라벨은 마루햐쿠(マルヒャク)(백百 자에 원을 씌운 것) 마크가 찍힌 '가키쇼유아지쓰케노리'이다. 1885년에 창업한 노포인 김 가게 히로시마노리의 시그니처 상품이다. 세토우치瀬戸内의 굴과 고급 김을 맛볼 수 있는 히로시마의 맛으로, 현지뿐만 아니라 전국적으로 팬이 확대되고 있다.

히로시마

굴간장맛 김
가키쇼유아지쓰케노리
かき醤油味付のり

히로시마노리広島海苔

마루햐쿠의 역사

에도시대(1603~1868년)부터 김의 산지였던 히로시마에서 약 135년 전, 김 도매상을 창업한 구니미쓰햐쿠지로國光百次郎. 그 이름에서 따온 '마루햐쿠'를 상표로 삼아 지역 김 산업을 이끌었다. 병에 담긴 김이 해군에 납품되면서 인기를 얻었고, 상표가 붙은 삼륜 트럭도 활약했다.

오징어 누룩 절임
스루메고지즈케
するめ糀漬

돗토리식품공업鳥取食品工業

돗토리

오징어 산지인 돗토리의 저장식 '스루메고지즈케'는 여러 제조업체가 국내외의 원료로 만들어 지켜온 전통의 맛이다. 에스마트 등 현지 슈퍼나 양판점에서 '누룩과 오징어의 단맛, 채소의 식감이 좋아서 잘 팔린다'는 평가를 받는, 쓰케모노 제조업체 돗토리식품공업의 상품. 현지 쌀로 자체 생산한 쌀누룩으로, 말려서 감칠맛을 더한 오징어채(스루메)와 오이를 절였다.

난고쿠토사南国土佐(현재의 고치)에서 인기 있는 '도사노아카카쓰오', 시코쿠에서는 상식인 '오노노리'!

양념 가다랑어 도사노아카카쓰오 土佐の赤かつお
가미마치이케자와혼텐上町池澤本店

가다랑어(가쓰오)의 감칠맛을 살린 일본식 양념에 마늘과 매콤한 맛이 잘 어울리는 현지 인기 밥반찬 '도사노아카카쓰오 마늘맛'은 150년 이상 이어져온 마을의 생선가게 가미마치이케자와혼텐의 50년 넘은 베스트셀러. 가다랑어를 다시마로 감아 달콤하고 짭짤하게 조린 '고부마키こぶ巻き'가 그 원형으로, 같은 비법 양념의 깊은 감칠맛이 일품이다.

고치

인기 있는 마늘맛(빨강), 유자맛(노랑), 파래김맛(파랑)의 총 3종. 고치현 기념품으로도 인기가 많아 고치현 내 많은 슈퍼와 기념품 가게에서 취급하고 있다.

도쿠시마

대량으로 진열하지 않으면 못 팔 정도로 인기가 많다!

탁상 조미김 다쿠조노리 卓上のり
오노노리大野海苔

마루이치오노노리マルー大野海苔가 1979년에 출시한 조미김. 현지인은 '오노노리'라고 부르지만 정식 상품명은 '다쿠조노리'로, 그 이름 그대로 1년 내내 식탁(다쿠조)에서 대기하고 있다. 밥을 돌돌 말지 못할 정도로 바삭바삭한 식감과 진한 단맛과 짠맛은 간식으로 먹기에도 좋다. 예쁜 상자에 포장된 선물용도 인기다.

큐슈 九州

후쿠오카의 '오큐토', 구마모토의 '고한노토모', 오키나와의 '유시도후' '스팸' 등!

하카타 아침식사의 대명사 그 이름은 '오큐토'

해초묵 하코자키오큐토 箱崎おきゅうと
하야시류조상점林隆三商店

후쿠오카

후쿠오카 하코자키가 발상지로 알려진 '오큐토'는 하카타博多의 전통적인 아침 반찬이다. 에고노리(석묵) 등 해조류를 끓여 녹인 후 식혀서 굳힌 '야생의 맛이 나는 도코로텐ところてん(한천 요리)'과 같은 맛으로, 파나 식초간장 등을 뿌려 먹으면 식욕이 떨어지는 날에도 입맛을 돋우는 음식의 구세주이다. 예전에 기근으로부터 사람들을 구해줘서 '구인救人(큐토)'이라는 설도 있는 미네랄이 풍부한 식재료다.

하야시류조상점의 역사

과거 오큐토의 명산지였던 하코자키에서 창업 100년을 맞은 하야시류조상점. 지금도 직화로 끓여낸 옛날 그대로의 맛을 지키고 있다. 1960년대 중반부터 1970년대 후반까지 나무상자에 담아 '오큐토바~이'라고 부르며 팔았고, 하카타의 여관이나 가정에서 아침식사의 단골 메뉴가 되었다고 한다.

옛 방식 그대로 만드는 전통 해조류 가공품

얇은 타원형으로 펴서 굳히는 오큐토. 이대로는 운반이 어렵기 때문에 돌돌 말아놓은 모습을 슈퍼의 상품에서 볼 수 있다.

구마모토

일본인의 칼슘 부족을 해소하기 위한 위대한 발명품!

후리카케 고한노토모 御飯の友
후타바フタバ

구마모토의 현지인 음식 '고한노토모(밥친구)'. 사실 이 후리카케는 1913년에 약사 요시마루 스에키치가 일본인의 칼슘 부족을 보충하기 위해 고안한 발명품이다. 뼈째 으깬 멸치에 김과 흰깨를 섞어 맛을 낸다. 소비량이 많은 지역 내에서는 가성비 좋은 큰 봉지가 가정용으로 많이 쓰인다. 호텔 조식이나 학교 급식으로 구마모토현 전역에서 칼슘 보충의 임무를 수행하고 있다.

흑돼지의 감칠맛과 달콤한 무기미소 맛! 밥도 술도 술술 넘어가는

가고시마

흑돼지 미소 구로부타미소 黒豚みそ
무라야마제유村山製油

에도시대 류큐(오키나와)에서 들어온 흑돼지와 메이지시대(1868~1912년) 영국 버크셔의 교배로 탄생한 가고시마 흑돼지(구로부타). 이렇게 유서 깊은 흑돼지와 무기미소(보리 누룩으로 만든 미소)로 만든 저장식 밑반찬 '구로부타미소'는 정통 시골의 맛이다. 그중 일본산 유채기름과 고구마를 먹고 자란 가고시마현산 흑돼지를 사용한, 전통 있는 기름가게 무라야마제유의 구로부타미소는 맛으로 정평이 나 있다.

몸에 좋은 '유시도후'는 아침식사의 단골 메뉴다. 아침 일찍 유시도후 정식을 제공하는 가게도 인기다. 유시도후는 두유에 간수를 넣어 폭신폭신한 상태로 만든 두부로, 국물째 따뜻하게 데워 기호에 따라 간장이나 미소로 간을 맞춰 수프처럼 먹을 수 있다.

지친 몸에 스며드는 파워 조식 '유시도후소바'

유시도후의 수분을 빼면 '시마도후島豆腐'가 된다. 갓 만들어 '아치코코(뜨끈뜨끈하다는 뜻의 오키나와 사투리)'한 여러 회사의 두부가 진열되어 있는 오키나와의 슈퍼. 유시도후소바도 인기다.

'포크'로 아침식사! 전쟁 후 오키나와의 새로운 전통의 맛!

오키나와에서는 '포크'라고 불리는 런천미트의 원조 '스팸'. 미국 호멜사가 1937년에 개발, 미군을 통해 전쟁 후 오키나와에 보급되어 현재는 '저염 데리야키맛' 등 시리즈로 나와 있다. 정식의 단골 메뉴인 포크, 달걀 외에도 오니기리, 찬푸루チャンプル(오키나와 채소 볶음 요리) 등이 지금의 오키나와 현지 음식의 핵심이다. 오키나와에서 미국의 스팸과 쌍벽을 이루는 것이 튤립Tulip 런천미트인데, 셀레브리티Celebrity, 미들랜드Midland와 같은 덴마크산이다.

1부
메인 반찬

생선 고기 채소

 온라인상에서 클릭 한 번이면 어떤 음식이든 배달해주고, 슈퍼에서 갓 만든 반찬이나 도시락을 저렴하게 살 수도 있다. 요즘에는 요리를 할 줄 몰라도 살아갈 수 있을 것 같다.

 하지만 1부를 읽고 나면 생각이 바뀔지도 모른다. 일본인이 '음식을 어떻게 저장할 것인가'에 집중해왔다는 것을 깨닫기 때문이다. 많이 잡은 생선의 내장을 빼내어 소금에 절여 숙성시키거나 말리고 혹은 으깬 생선살을 삶거나 튀기는 등, 끊임없는 저장에 대한 열정으로 탄생한 것이 지금의 맛있는 반찬들이다.

 또한 고기의 저장법을 추구해온 지역도 있다. '사냥으로 잡은 고기'나 '명절에 해체한 소중한 가축'을 소금과 훈연을 통해 햄이나 소시지로 만들어 저장성을 높이고, 내장도 버리지 않고 먹을 수 있도록 미소나 간장으로 맛을 내는 등 지혜를 짜내어 얻어낸 가공 기술들이 있다.

 특히 선조들이 겨울철 부족한 영양을 훌륭하게 보충한 발명품이 바로 쓰케모노와 두부다. 전통적인 쓰케모노는 비타민 섭취는 물론 젖산 발효에 의한 숙성으로 장에도 좋은 것으로 알려져 있다. 한편, 마른 콩을 저장해두면 눈 속에 갇힌 산골에서도 언제든 최고의 두부를 맛볼 수 있다. 산의 맑은 샘물로 만든 두부는 일품이다.

 이렇게 편리해진 현대 일본에서도 손이 많이 가는 옛 저장식품이 이어져온 이유는 아마도 너무 맛있어서일 것이다.

생선 반찬

어패류와 해조류 등 '바다의 맛'을 간편하고 맛있게 즐긴다!

쓰가루의 대표 반찬!
독특한 흰곰이 눈에 띈다

간장 다시마 <small>쇼유콘부 しょうゆコンブ</small> 〈아오모리〉

나카무라양조원 中村釀造元

에도시대 후기에 창업한 나카무라양조원이 자사 간장으로 만든, 고급스러운 육수 맛의 부드러운 다시마 반찬 '쇼유콘부'. 1970년 개발 당시, 쇼유콘부의 부산물인 다시마 육수가 들어간 간장 '곤부쇼유(다시마간장)'가 간판 상품이 되는 뜻밖의 성과를 거두기도 했다. 그런데 다시마 산지인 홋카이도를 이미지화한 흰곰 캐릭터, 귀엽지만 뭔가 이상하지 않은가? 과연 흰곰의 서식지는?

150년 이상의 역사를 자랑하는 쓰가루津軽 지방(아오모리 서부)의 간장 양조장. 전직 청주 장인들이 그 맛을 빚어낸다.

생꽁치 이상의 감칠맛! 홋카이도의 전통음식

꽁치 쌀겨 절임 <small>누카산마 糠さんま</small>

〈홋카이도〉

홋카이도 구시로釧路·앗케시厚岸 주변에서 전해 내려오는 '누카산마'. 가을에 잡히는 꽁치의 내장을 빼고 소금을 뿌려서 누카즈케糠漬(쌀겨에 담가 발효시키는 절임)로 만든 저장식품으로, 생고기에서는 느낄 수 없는 감칠맛이 있다. 먹는 방법은 생선 주변과 배 속에 묻은 쌀겨를 씻어낸 후 구워 먹는 것이다. 요즈음엔 꽁치가 덜 잡히니 귀한 음식이 되지 않았을까?

아오모리 어묵은 이것! 조림도 볶음도 맛있다!

'세이칸青函 연락선(아오모리와 하코다테를 잇는 철도 연락선)을 기다리는 사람들을 따뜻하게 해주고 싶다'는 생각으로 포장마차에서 탄생한 것이 생강미소를 뿌려 먹는 '아오모리 오뎅'이다. 거기에 꼭 들어가는 재료 중 하나는 '다이카쿠텐'이라고 불리는, 큼직하고 매우 얇은 사쓰마아게(튀김어묵). 얇게 만든 것은 데우는 시간을 짧게 하기 위한 친환경 디자인의 원조 격이라고도 한다. 꼬치가 잘 빠지지 않도록 바느질하듯 끼우는 것도 아오모리식이다.

얇은 사각어묵 다이카쿠텐 大角天
마루타카 다카하시 가마보코점
丸高 高橋蒲鉾店

아오모리

약 70년 전, 본가인 가네세ヵネセ 다카하시 가마보코점에서 분업하여 창업한 마루타카 다카하시 가마보코점. 대량 생산을 가능하게 한 기술력으로 현지 주요 슈퍼의 단골 메뉴로 자리 잡았다.

초밥이라기보다 쓰케모노? 추운 지방의 전통요리

청어 초밥 니신스시 にしん寿司
(아오모리)

향토음식인 청어젓갈 '니신노키리코미にしんの切り込み'와 비슷하면서도 다른 음식. 나레즈시なれ鮨(소금에 절인 생선을 밥과 함께 돌로 눌러 발효시킨 음식)의 일종인 이즈시飯寿司는 정초에 먹는 요리로, 가을에 미리 담그는 저장식이다. 밥을 생선, 채소류, 쌀누룩에 절인, 부드러운 젖산 발효의 신맛이 바로 '스시'다. 지금은 슈퍼에서 '홋케즈시ほっけずし(임연수)'나 '사케즈시鮭ずし(연어)'도 판매되고 있다.

**단풍철 연어를 맛볼 수 있는,
에도시대부터 전해 내려오는 저장식**

선물받고 싶은 '늘 먹던 맛있는 향토음식'. 아름다운 상자에 담긴 포장으로 일상적인 음식이 선물이 된다.

연어 젓갈   아부쿠마노고요즈케 阿武隈
후쿠시마 고요즈케 福島紅葉漬

 후쿠시마

아부쿠마강을 거슬러 올라가는 연어를 가능한 한 오랫동안 생으로 맛보기 위해 에도시대에 후쿠시마에서 고안된 저장식품이 후쿠시마 고요즈케의 '고요즈케'다. 연어의 살과 누룩의 색 덕분에, 그리고 단풍철의 연어로 담근다고 해서 '고요紅葉(단풍)'라는 아름다운 이름이 붙여졌다. 수량이 한정된 홍연어를 사용해 색이 더욱 선명하다. 후쿠시마의 갓 지은 햅쌀밥에 듬뿍 얹어 가을을 만끽해보자!

**고래잡이의 땅, 미나미보소의 전통식
고래고기로 만든 '고래 육포'**

지바현 미나미보소南房総의 향토음식인 '구지라노타레(고래의 타레)'는 말리는 모습이 '늘어져 있다(타레카루)'고 해서 또는 '양념(타레)에 절여 말린다'고 해서 붙여진 이름이라는 설이 있다. 보소 연안 고래잡이의 주역인 큰부리고래를 말린 것으로, 전통적인 딱딱한 타입은 오차즈케로 먹는다. 부드러운 타입(사진)은 구운 다음 찢어서 마요네즈에 찍어 먹으면 마치 소고기 육포처럼 맛있다.

고래 육포   구지라노타레
くじらのたれ

하쿠다이식품 ハクダイ食品

 지바

도야마의 지혜와 다시마 파워에 감사와 감격!

다시마 숙성 사시미 <small>도야마노 곤부지메 富山の昆布〆</small>

(도야마)

신선한 사시미를 다시마에 끼워넣어 보존성과 감칠맛을 동시에 얻는 요리법인 '곤부지메'. 에도시대에 기타마에부네北前船(동해를 오가며 상품을 직접 떼어다 팔던 배들)로 가져온 홋카이도산 다시마와 현지 도야마만에서 잡히는 생선을 조합한 지혜가 천재적이다. '사스사스'라고 부르는 참다랑어 곤부지메가 대표적이고, 대구(마다라真鱈) 곤부지메에 명란젓(타라코)를 묻힌 '마다라노코쓰케真鱈の子付け'도 향토적인 맛이다.

의외로 간단하다! 곤부지메 요리

집에 소량 남아서 아깝게 버리기 쉬운 사시미 몇 조각도 다시마에 끼워 냉장고에 보관하면 다음 날 맛있는 곤부지메가 완성된다. 다시마를 떼어낸 후 먹어도 좋고, 함께 먹어도 좋다.

명산 쓰루기다케의 이름을 딴 도야마의 대표 가마보코

현지에서 큰 인기를 자랑하는 도야마의 가마보코(흰살생선 살에 밀가루를 섞어 익힌 어묵) '아카마키赤巻き' '곤부마키昆布巻き'에 이은 대표적인 가마보코로는 우메카마의 '쓰루기'가 있다. 포장에는 현지인이 자랑하는 명산 쓰루기다케剣岳가 그려져 있다. 구워 만든 '야키카쿠'는 고소하고, 찐 '시구레'에는 씹는 맛이 좋은 다시마가 들어 있다. 둘 다 다시마 추출물을 넣어 감칠맛이 더해져 고개 너머에 있는 히다다카야마飛騨高山(기후현)에서도 인기가 높다.

| 흰살생선 어묵 | 쓰루기 つるぎ (야키카쿠焼角/시구레しぐれ) |

우메카마梅かま

도야마

'호쿠호쿠오뎅'에는 도야마의 호화로운 재료가 듬뿍!

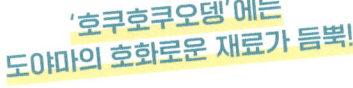

| 호쿠호쿠 어묵 | 호쿠호쿠오뎅 ほくほくおでん |

우메카마梅かま

도야마

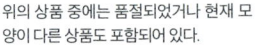
위의 상품 중에는 품절되었거나 현재 모양이 다른 상품도 포함되어 있다.

홍게 껍질에 생선살과 게살을 채워넣은 모양이 매력적인 어묵, 그 이름은 '가니멘かに面'. 어묵 대국이자 동해의 해산물이 풍부한 도야마의 어묵은 호화롭다. 구루마후車麩(글루텐을 얇게 펴서 돌돌 만 것)에 으깬 생선살과 메추리알을 넣은 '스고모리巣ごもり', 빨강·흰색·녹색의 '삼색 단고三色団子' 등도 무척 아름답다.

보는 것만으로도 즐겁다!
도야마의 문화, 세공細工 가마보코

세공 어묵 사이쿠 가마보코
細工かまぼこ **도야마**

우메카마梅かま

도야마 특유의 문화인 특별한 날의 '사이쿠(세공) 가마보코'. 결혼식에서는 지금도 도미, 후지산, 보물선 등 축하를 의미하는 상징물을 바구니에 담아 선물로 주는 풍습이 남아 있다. 장인의 수작업으로 장식 기술을 습득하는 데는 약 10년이 걸린다고 한다. 슈퍼에도 이벤트에 맞춰 '사이쿠 가마보코'가 진열되는 경우가 있어 생생한 문화를 느낄 수 있다.

우메카마의 쇼와시대 카탈로그 갤러리

우메카마의 전신은 1942년에 국가 정책에 의해 합동회사로 전환된, 도야마에서 가마보코를 제조하던 여러 개인 상점이었다. 전쟁 후에는 생활 변화에 대응하는 상품을 만들어 도야마현을 대표하는 제조업체로 성장했다.

소용돌이 무늬의 빨간색과 검은색 당신은 빨간색파? 검은색파?

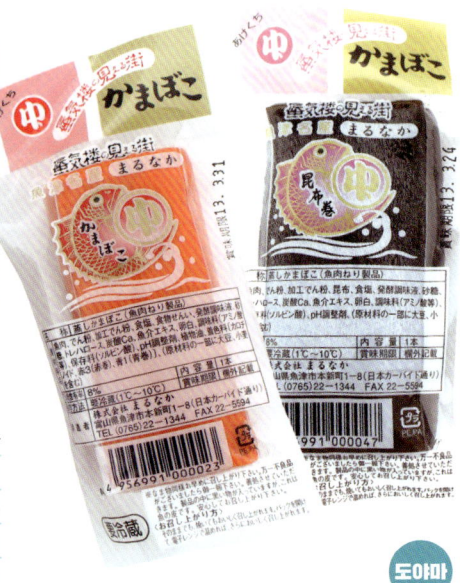

도야마 가마보코 제조업체의 대표 메뉴는 '아카마키' '곤부마키'이다. 다른 현의 가마보코와 결정적인 차이점은 판을 사용하지 않는 독자적인 제조법이다. 일반적으로는 판에 으깬 생선살을 얹어 성형하고 쪄서 만드는데, 해운 무역의 중계지인 도야마에서는 풍부한 다시마로 어묵을 말아 판이 필요 없다. 지금은 아이들이 빨간색파(아카마키)이다. 곤부마키를 먹게 되면 이미 어른이다.

다시마말이 어묵
아카마키 가마보코 赤巻きかまぼこ
곤부마키 가마보코 昆布巻きかまぼこ

마루나카 まるなか

도야마

미꾸라지 꼬치구이
도조카바야키 どじょう蒲焼き

가바야키야 かばやき屋

이시카와

미꾸라지 파워의 자양강장식 꼬치 하나에 통째로 한 마리!

고소하고 쌉싸름한 어른의 맛. 꼬치 한 개에 한 마리 분량의 미꾸라지를 꽂아 구워냈다.

가나자와에서는 가바야키(장어구이)가 여름의 보양식으로 알려져 있다. 진공 포장된 '도조카바야키'는 장어와 미꾸라지를 판매하는 가바야키야가 상품화했다. 회사원 야마우치山內는 어릴 적부터 단골이었던 이 가게가 갑자기 문을 닫은 것을 계기로 회사를 그만둔 후, 노하우를 전수받아 점주가 되었다. 미꾸라지 파워를 증명하는 에피소드.

천연 미역을 햇볕에 말리고 손으로 주물러 만든 전통음식

자른 미역 모미와카메
もみわかめ **후쿠이**

나미야波屋

밥 위에 펼쳐지는 바닷가의 향기 '모미와카메'. 초여름 동해에서 채취한 천연 미역(와카메)을 햇볕에 말린 후 손으로 비벼서(모미) 먹기 좋게 만든 전통음식이다. 밥에 직접 대고 뿌리는 용기는 사케병처럼 생겼는데, 입구가 작아 습기가 잘 차지 않아 쇼와시대 초기에 나미야에서 채택한 보존법이다. 지금은 선물용은 큰 병, 일상용은 작은 병이나 지퍼백 형태로 돼 있다.

'나카아리'는 찐득한 간도 맛있다!

말린 오징어 마루보시이카 丸干いか
(나카아리中有り)
(이시카와)

오징어의 산지인 이시카와에서 많이 먹는 말린 통오징어에는 '中有り(나카아리)'라는 표시가 있다. 이것은 '내장도 들어 있다'라는 뜻으로, 신선도가 좋은 오징어이기 때문에 가능한 보존법이다. 살짝 구워서 찢어 먹으면 말린 오징어의 농후한 맛에 잘 숙성된 간이 감칠맛을 더하는 고급 진미다.

매장에는 봉지에 담겨서 말린 오징어 옆에 진열된 경우와 선어 코너에 그대로 진열된 경우, 두 가지가 있다.

1952년 탄생! 일명 '비타치쿠'

2013년

일명 '비타치쿠'는 호쿠리쿠北陸(주부 지방에서 동해에 면하는 4개 현)와 신에쓰 지방을 중심으로 70년 이상 판매해온, 비타민이 들어간 지쿠와이다. 전후 국민들의 영양 부족을 개선하기 위해 스기요는 지쿠와에 비타민 A, D가 풍부한 상어 간유를 넣는 제조법을 고안했고, 곧바로 대히트를 쳤다! 그중에서도 제조업체가 있는 이시카와를 제치고 나가노에서 소비량 1위를 차지할 정도로 열렬한 사랑을 받고 있다.

이시카와

현재 제품

원통형 어묵 비타민치쿠와 ビタミンちくわ
스기요 スギヨ

비타민치쿠와의 역사

1952년경

전쟁 후 영양 부족 시대에 비타민이 풍부하게 함유된 '비타민치쿠와ビタミン竹輪'가 개발되어 많은 사랑을 받았다. 그 이유는……

1923년, 곱상어(기름상어)를 원료로 한 지쿠와를 대량 생산하기 시작. 나가노현으로 배송하는 지쿠와의 구멍에 보존을 위해 소금을 채워 판매하자 소금이 귀한 나가노현에서 폭발적인 인기를 끌게 된다. 이후 '비타치쿠'의 인기로 이어진다. 위 사진은 1955년경의 제조 풍경.

(아래) 비타민치쿠와 탄생 60주년 기념 캠페인으로 복각판 제품을 판매한다.

2012년(복각판)

1977년

2004년 탄생!
진짜를 넘어선 게맛살!

이시카와 | **게맛살** 가오리바코 香り箱
스기요スギヨ

인공 해파리 개발의 실패에서 힌트를 얻어 1972년에 세계 최초로 게맛 가마보코 '가니아시かにあし'(게다리)를 발명한 스기요는 2004년에 진짜 게에 더 가깝게, 대게의 암컷 '고바코가니香箱ガニ'를 형상화한 '가오리바코'를 출시했다. 암게를 수게보다 선호하는 이시카와에서는 향기롭고 섬세한 섬유질을 가진 암컷을 '고바코(향기 나는 물건을 수납하는 상자)가니(게)'라고 부르며 소중히 여기는 문화가 있다.

2023년, 궁극의 게맛살 '가오리바코'가 탄생했다. 암게도 아니고 수게도 아닌, 양쪽의 장점을 모두 갖춘 제품.

스기요 게맛살의 역사

1972년

1972년 스기요가 게 다릿살처럼 생긴 플레이크 형태의 가마보코를 발명해 '가니아시'라는 이름으로 판매를 시작했고, 1975년에는 게 다리 모양의 '골든 가니아시'가 등장했다. (아래) 플레이크 형태의 다진 가마보코를 갈아서 덩어리로 만드는, 출시 당시 제조 공장의 모습.

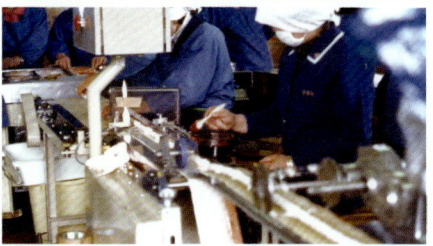

1990년 　　　　　　　2007년

1990년 실제 게 다리의 섬유 모양에 가까운 '로얄 캐리비안'을 출시했고, 2007년에는 술 안주로 어울리는 두툼한 살을 가진 대게 모양의 '성인용 게살'을 출시했다.

전복의 풍부한 맛을 만끽한다!
바다가 없는 야마나시의 식문화

전복 조림   아와비니가이 / あわび煮貝
가이야 かいや   **야마나시**

에도시대에 스루가駿河(현재 시즈오카현 중부)에서 전복을 가공해 간장을 담은 술통에 넣어 말 등에 싣고 운반했는데, 야마나시에 도착했을 때 제대로 맛이 들었다고 전해진다.

야마나시의 전통음식 전복(아와비) 조림(니가이)은 지금도 선물의 단골 메뉴다. '아와비니가이'의 제조사인 가이야에는 "왜 바다 없는 야마나시현에서 전복이 명물인가요?"라는 문의가 많다고. 전국시대 유적에서 전복 껍데기도 출토되어 당시 명장 다케다 신겐의 저장식으로 활용했다는 설에도 신빙성을 더하는 역사적 낭만이 있다.

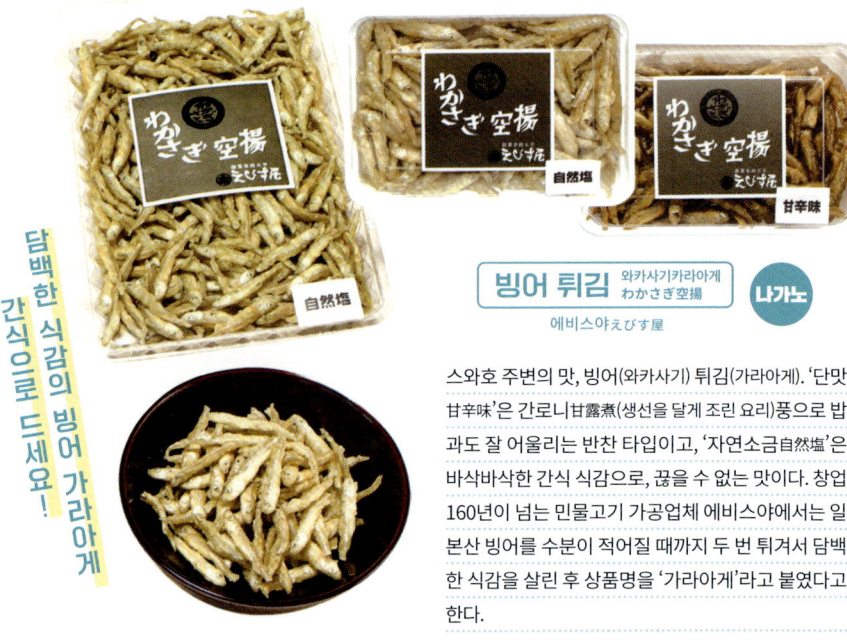

빙어 튀김   와카사기카라아게 / わかさぎ空揚
에비스야 えびす屋   **나가노**

담백한 식감의 빙어 가라아게 간식으로 드세요!

스와호 주변의 맛, 빙어(와카사기) 튀김(가라아게). '단맛甘辛味'은 간로니甘露煮(생선을 달게 조린 요리)풍으로 밥과도 잘 어울리는 반찬 타입이고, '자연소금自然塩'은 바삭바삭한 간식 식감으로, 끊을 수 없는 맛이다. 창업 160년이 넘는 민물고기 가공업체 에비스야에서는 일본산 빙어를 수분이 적어질 때까지 두 번 튀겨서 담백한 식감을 살린 후 상품명을 '가라아게'라고 붙였다고 한다.

핑크 어묵 야카보 赤棒 **아이치**
야마사치쿠와ヤマサちくわ

도요하시의 명점인 야마사ヤマサ를 비롯해 여러 회사가 제조하는 나고야 특유의 어묵 '아카보(빨간 막대)'. 모든 것을 갈색으로 물들이는 핫초미소八丁味噌(콩으로만 담근 갈색 미소) 베이스의 나고야 오뎅 중에서 유일하게 색이 있다. 단, 빨간색이라고 해도 핑크색이고, 오래 끓이면 갈색으로 변한다. 맛은 단순한 사쓰마아게(나고야에서는 '한펜はんぺん'이라고 부른다)다.

나고야 특유의 오뎅 재료 핑크색 사쓰마아게

푹신푹신, 탱글탱글 가마보코와 한펜의 중간

옛날식 맷돌로 만드는 반원형의 탄탄한 맛

참마 어묵 이세한페이 伊勢はんぺい **미에**
와카마쓰야若松屋

이세 신궁의 슬하에서 1905년 창업한 이래 '이세한페이(한펜)'를 전해온 전통의 와카마쓰야. 참마로 반죽을 부드럽게 만들어 탄력이 있으면서도 젓가락으로 자를 수 있을 정도로 부드러운 것이 특징이다. 미묘하게 모양이 다른 것은 한 장씩 수작업으로 만들어지기 때문이다. 그대로 먹어도 맛있고, 데워서 먹어도 맛있다.

반원형 어묵 이세지한페이 伊勢路はんぺい **미에**
마루하치식품丸八食品

글자 하나만 달라도 전혀 다른 '이세한페이'(왼쪽)와 쓰津시에서 창업한 74년 전통의 마루하치식품의 쓰津 한페이 '이세지한페이'. 통통한 반원형으로 푹신푹신하면서도 탄력이 넘치는 쓰 한페이의 가장 큰 특징은 쓰에서는 한페이가 '스키야키의 필수 아이템'이라는 데 있다.

칼럼 ❶

현지 건식품 & 진미채

아키타

분말 다시마 훈마쓰 낫토콘부
粉末納豆昆布

고마쓰토미노스케상점小松富之助商店

출시 후 반세기, 끈적끈적한 것을 좋아하는 사람들이 계속 구매하는 '훈마쓰(분말) 낫토 콘부'. 다시마를 잘게 잘라 말린 것으로, 물을 넣으면 강한 점성이 되살아나 마치 낫토처럼 된다(낫토는 아니다).

아오모리

다진 다시마 낫토콘부
ナット昆布

오사킨おさきん

다시마에 물을 넣고 낫토처럼 실이 생길 때까지 섞은 후 간장으로 간을 맞추면 완성이다. 부모 자식 펭귄의 디자인은 제7차 남극 월동대(1965~1967년)의 식량으로 채택된 것에서 유래했다.

홋카이도

실 다시마 도로로콘부
とろろ昆布

하타미야식품畑宮食品

리시리 섬利尻島의 다시마 어부로부터 구입한 다시마를 갈아 만든, 감칠맛이 가득한 '도로로콘부'. 미소시루나 국물, 오니기리 겉면에 듬뿍 붙여서 먹는 것이 리시리-왓카나이 주변 사람들의 추천 방법이다.

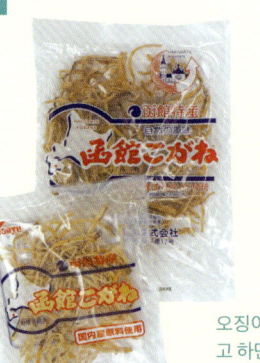

홋카이도

진미채 하코다테코가네
函館こがね

하코다테특산식품공업협동조합
'하코다테코가네 부회' 가맹기업

오징어의 도시로 알려진 하코다테에서 진미라고 하면 '하코다테코가네'가 있다. 홋카이도 연안에서 어획되는 오징어를 원료로 사용해 껍질째 가공한다. 오징어의 감칠맛이 일품이다.

건식품 코너는 평소 쇼핑을 할 때 오래 머물지 않는 곳이지만, 여행지의 슈퍼에서는 천천히 관찰하는 것을 추천한다. 원래 건식품은 상온 보관이 가능하고 가볍고 휴대가 간편해 전국적으로 유통하기 쉽다. 그럼에도 불구하고 여전히 '그 지역에서만 사랑받고 있다'면 꽤나 개성 있는 음식일 것이다. 현지의 진미채는 더욱 존재감이 있는 것이 많다. 특히 생선을 원료로 한 진미채 제조업체가 모인 홋카이도나 아오모리 슈퍼의 진미채 코너에는 그 종류가 매우 다양하다. 이번에는 건식품과 진미채 중에서도 홋카이도부터 주부 지방까지의 상품을 소개한다. 화려하진 않지만, 현지에서 꾸준히 사랑받고 있는 것들이다.

니가타

밀기울 시바타후
新発田麩

미야무라세후조宮村製麩所

니가타현 시바타新発田시에서 1902년 창업 초기부터 '시바타후'를 만들고 있다. 냄비 요리나 미소시루에 그대로 사용할 수 있고, 푹신푹신하고 쫄깃쫄깃한 식감을 즐길 수 있는 밥공기 형태의 야키후焼麩(글루텐을 구워서 만든 것).

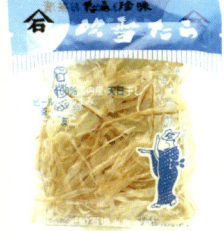

도야마

도야마

명태채 후부키타라
吹雪たら

이시바시수산식품石橋水産食品

말린 매오징어 호타루이카노스보시
ほたるいかの素干

하마우라수산浜浦水産

다시마와 마찬가지로 도야마에서 사랑받는 홋카이도산 명태채는 밥에도, 장국에도, 볶음에 넣어도 좋은 만능 안주다. 여행의 정서를 불러일으키는 그림은 이미즈射水에서 계승되는 '노지타のじた 춤'이다.

도야마의 명물인 매오징어(호타루이카)를 조금 재미있게 먹을 수 있는 안주. 통째로 말린 매오징어를 먹기 전에 라이터로 구우면 고소한 맛과 배 속 내장의 감칠맛을 최대한 즐길 수 있다.

시즈오카

치어포 다다미이와시
たたみいわし

마이사카마루산まいさか丸三

엔슈나다遠州灘에서 잡은 신선한 생치어를 다다미처럼 펼쳐 말린 '다다미이와시'와 파래(아오노리)가 들어간 '아오노리 다다미이와시青海苔たたみいわし'. 살짝 구우면 고소한 맛이 일품이다. 유이由比의 사쿠라에비(작은 벚꽃색 새우) 등과 함께 선물로 추천한다.

가쓰오부시가 되기 전의 나마부시

가다랑어의 감칠맛을 응축!

가쓰오부시 제조 공정에서 부드러운 상태의 가다랑어를 훈연한 것이 '나마부시'. 오와세尾鷲에서 1902년 창업한 오세이사무상점의 나마부시는 정성을 들여 전통의 맛을 지키고 있다. 현지 쓰케모노인 '쿠키즈케くき漬(토란 아카미소 절임)'에 버무려 먹는 것이 현지의 방식이지만, 사시미처럼 썰어서 간장이나 마요네즈에 찍어 먹는 것도 기본이며, 샐러드나 파스타에 곁들여 먹어도 좋다. 진공 포장으로 장기 상온 보관이 가능하다.

(미에)

훈연 가다랑어
가쓰오나마부시 鰹生節
오세이사무상점 大瀬勇商店

기슈紀州(와카야마와 미에 남부)의 약초 '천태오약'의 잎과 가다랑어를 함께 삶아 비린내를 없애고, 수작업으로 비늘과 뼈 한 마디 한 마디를 모두 손으로 씻어내는 정성스러운 작업이다.

교토다운 반찬 '하모'로 여름을 이겨내자!

데친 갯장어
하모노유비키 はもの湯引き

(교토)

교토의 여름 미각 갯장어(하모). 뼈가 잘게 쪼개진 갯장어는 '골절'이라는 숙련된 특수 기술이 필요하기 때문에 예전에는 전문요리점에서만 맛볼 수 있었지만, 지금은 슈퍼에서도 쉽게 볼 수 있다. 뼈를 발라낸 갯장어를 물에 담그면 살이 통통하게 부풀어 올라 꽃이 핀 듯하다. 하얀 살에 새빨간 매실 고명이 빛나는 교토의 미의식을 느낄 수 있다.

다나베산 고급 가마보코 정사각형 모양의 '난반야키'

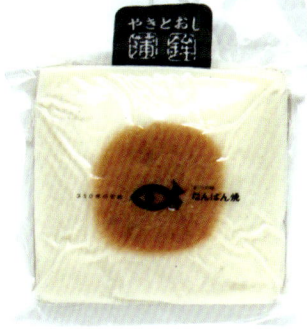

정사각 어묵 난반야키 なんばん焼
마루사 マルサ
와카야마

와카야마현 다나베田辺시 후쿠로마치福路町에는 350년 이상의 전통을 가진, 통칭 '가마보코 거리'가 있다. 다나베산 고급 가마보코의 대명사 '난반야키'는 91년 전부터 마루사에서 판매한 것. 정사각형의 가운데에 둥근 태양과 같은 난바키비색(옅은 갈색)의 구운 자국이 있기 때문에, 또는 제조법이 남만南蛮(난반)에서 건너왔기 때문에 난반야키라는 설이 정설로 통한다.

우엉 & 가마보코 & 생선
재료의 맛을 즐길 수 있는 명품

우엉말이 어묵 고보마키 ごぼう巻
마루사 マルサ

와카야마

'난반야키'와 마찬가지로 '고보마키'도 가마보코 거리의 많은 가게들이 만들어온 현지의 맛이다. 부드럽게 삶은 우엉(고보)을 가마보코의 원료인 생선 껍질로 감싼 후, 각 가게의 고유 양념으로 향긋하게 구워낸 정성스러운 일품. 한번 헤어진 껍질과 살이 우엉을 통해 재회한다. 우엉, 가마보코, 생선의 풍미가 복잡하게 교차하는 독특한 맛이다.

47

오세치おせち(명절에 먹는 조림 요리) 중 '노란색과 갈색, 부드럽고 약간 단맛이 나는 것'은? 하지만 '생선 비린내가 나는 것'은? 간토 지방이라면 '다테마키伊達巻き', 간사이 지방이라면 '아쓰야키'라고 대답할 것이다. 아쓰야키는 오사카에서 창업 120년 이상의 전통을 자랑하는 벳토라 가마보코의 상품으로, 이를 매실 모양으로 구운 '우메야키'는 어묵이나 국물, 우동, 샐러드와 함께 먹으면 오사카의 일상을 더욱 풍성하게 만들어 준다.

가마보코 간식? 간사이에서는 오세치의 단골 메뉴

구운 과자처럼 보이기도 하는 귀여움이 매력인 '우메야키'. 손바닥에 쏙 들어가는 크기로 간식으로 먹기에도 딱 좋다.

오사카 폭신 달걀 어묵 우메야키梅やき / 아쓰야키あつやき
벳토라 가마보코別寅かまぼこ

시마네현 내 여러 업체에서 제조하는 붉은색 덴푸라(덴푸라는 시마네의 사쓰마아게)인 '아카텐'. 최근에는 오니기리의 재료로 쓰일 정도로 현지인의 지지를 받고 있는 현지 특산품이다. 고추를 넣은 매콤한 재료에 빵가루를 묻혀 기름에 튀긴 '교롯케'(49쪽) 계열 중에서 매콤한 쪽이다. 매운맛에 마요네즈가 잘 어울리며, 튀긴 '아카텐'은 100점 만점!

고추가 듬뿍 들어간 톡 쏘는 매콤한 생선살 튀김!

매콤 어묵 튀김 아카텐 赤てん
스미카마보코角蒲鉾

시마네

야마구치

원통형 어묵
니기리오카토라치쿠와
にぎり岡虎竹輪

오카토라 岡虎

'탄력 있고 목넘김이 좋은 지쿠와가 아니면 안 된다'는 말을 대대로 이어온 야마구치의 지쿠와 가마보코 전문점 오카토라. 1977년 출시 당시에는 손으로 쥐고 제조했다는 것이 느껴지는 크기와 황금빛으로 구워진 색이 특징이다. 6대째 이어져 내려오는 추천법 대로 '생으로 그대로 씹어먹'으면, 입안에서 탱글탱글하게 터지면서 목구멍으로 쏙쏙 넘어간다.

생으로 그대로 씹어먹으며 오카토라의 지쿠와를 맛보다

초대 사다마사 도라키치 貞政虎吉와 2대 도라키치. 거점이었던 오카무라 岡村의 도라키치 때문에 '오카토라'라고 불린 세월이 147년이다. 지금은 호후防府에서 신선한 생선을 튀기며 전통 제조법을 최신 기술로 지키고 있다.

맷돌로 생선살을 반죽하며 전통 제조법으로 맛을 지킨다

'교롯케'는 규슈와 주고쿠, 시코쿠의 대표 음식인 생선살 튀김의 이름이다. '오카토라노교롯케'는 생선살에 양파 등의 채소와 향신료를 섞어 빵가루를 입혀 튀겨낸 것이다. 재료의 단맛이 느껴지는 담백한 양념으로 아이들도 좋아하는 맛이다.

생선 크로켓
오카토라노교롯케
岡虎の魚ろっけ

오카토라 岡虎

야마구치

생선과 두부로 만드는 전통적인 절약 메뉴

1865년, 본격적인 '도후치쿠와(두부 지쿠와)' 제조로 창업한 것이 치무라이다. 방부제나 색소, 향료를 사용하지 않고 자체 생산한 두부를 사용해 '두부 7: 생선살 3'의 황금비율로 옛 맛을 지키고 있는 회사다. '카레맛' 등 지역 고등학생들의 아이디어를 활용한 상품 개발도 활발해 일상식부터 명절 식탁까지 폭넓게 사랑받고 있다.

 돗토리

원통형 두부 어묵 도후치쿠와 とうふちくわ

치무라 ちむら

치즈, 파 등 맛의 변주도 다양하다!

에도시대 초기에 재정난에 시달리던 돗토리 번주가 '생선 대신 두부를 먹으라'며 검약을 권장해 도후치쿠와가 탄생했다. 찐 것과 구운 것이 있으며, 현내 여러 업체가 맛을 겨루고 있다.

아고(날치) 100%! 팬이 많은 아고치쿠와

두부를 직접 만들어서 건강한 간식과 요리 재료로!

돗토리

도미 어묵 / 날치 어묵
다이치쿠와 鯛ちくわ / 아고치쿠와 あごちくわ

가로야 加路屋

초여름, 날치잡이가 시작되면 제철에 처음 잡은 날치(아고)를 사용한 '아고치쿠와'를 기다리는 팬들이 줄을 서서 기다린다. 이 회사에서는 지쿠와 한 개에 날치 4~5마리를 사용하기 때문에 감칠맛이 풍부하다. 구운 부분은 단단하고 울퉁불퉁하며, 쫄깃쫄깃한 식감이 일품이다. 반면 '다이(도미)치쿠와'는 부드러운 맛이 특징이다.

구운 원통형 두부 어묵
도후치쿠와 とうふ竹輪 / 도후노야키 とうふのやき

가로야 加路屋

메이지시대부터 두부로 지쿠와를 제조해온 가로야. 간판 상품은 대표 상품인 '도후치쿠와'인데, 두부와 생선살을 섞어 찐 후 구운 자국이 생기지 않도록 가볍게 구워내는 것이 특징이다. 같은 재료로 겉면이 고소해질 때까지 구운 것이 '도후노야키'이다. 둘 중 하나를 고를 수 없는 사람은 하프 사이즈인 '먹기 좋은 크기'로 두 가지를 모두 맛볼 수 있다.

히로시마

생선 크로켓
간스 がんす

가쓰돈에 가쓰산도! "우마이데간스 うまいでがんす!"

1950년 히로시마현 구레呉시에서 창업한 미야케수산. 가마보코를 만들면서 남은 자투리 재료에 양파와 고추를 섞고 빵가루를 묻혀 튀긴 생선살 튀김이 대히트를 쳤다. '소중한 상품에 정중한 히로시마의 말을 담는다'는 뜻으로 '간스(~니다)'라는 이름을 붙였다. 가쓰돈(돈가스 돈부리), 가쓰산도(돈가스 샌드위치)와 함께 먹을 수 있어서 '우마이데간스(맛있습니다)'!

가가와

새우 어묵 _{에비텐} えび天
후쿠야 가마보코 福弥蒲鉾

우동 토핑에는 사누키 명물 '에비텐'!

가가와에서 '에비텐 우동'을 주문할 때는 주의하자. 덴푸라란 으깬 생선살을 튀긴 것으로, 특히 간온지観音寺에서 '에비텐'이라고 하면 분홍색 직사각형의 덴푸라를 말한다. 세토나이카이瀬戸内海에서 작은 새우가 풍작이었던 1950년대에 만들어진 두부에서 유래된 부드러운 식감이 특징이다. 메이지시대 말기에 창업한 후쿠야 가마보코에서는 현지의 작은 새우를 원료로 사용해 풍미가 남다르다.

도쿠시마의 '가쓰'는 당연히 '생선가스'!

생선가스 쓰쿠시노 휫슈카쓰(쓰쿠시의 생선가스)
つくしのフィッシュカツ

쓰쿠시 가마보코 津久司蒲鉾

도쿠시마에서 '가쓰산도'의 가쓰는, 쓰쿠시 가마보코가 원조인 '쓰쿠시의 생선가스'를 말한다. 1955년, 전쟁 전부터 히로시마에 있던 매콤한 생선살 튀김 간스(51쪽) 등과는 다르게, 당시 유행하던 카레가루를 사용해서 대히트를 쳤다. 도쿠시마의 급식 메뉴 중 가쓰돈의 가쓰는 당연히 생선가스다.

가쓰돈, 가쓰산도, 가쓰카레. 도쿠시마에서는 반드시 '돼지고기'라고 말하지 않으면 생선가스로 나온다.

난요南予 지방(에히메 남부)에서 예부터 사랑받는 화려한 가마보코

핑크 어묵포 <small>케즈리 가마보코 けずりかまぼこ</small> 에히메

핫스이 가마보코八水蒲鉾

폭신한 식감과 사랑스러운 핑크색으로 최근에는 캐릭터 도시락의 '폭신한 토끼' 등을 표현할 수 있어 인기 있는 식재료이다. 사실 1903년 핫스이 가마보코의 시조이자 가마보코 제조의 선구자 스즈키 미네지鈴木峰治가 만들어낸, 120년 이상의 역사를 지닌 상품이다. 가마보코를 말려서 갈아 만든 것으로, 오니기리와 우동을 더욱 풍성하게 만들어준다.

그대로도, 어묵으로도 좋은 신선한 토종 생선의 감칠맛!

그대로 튀겨서 샌드위치로, 자코텐의 덴푸라 카레로, 튀김으로, 정말 만능 재료이다.

에히메 뼈째 만든 어묵 <small>자코텐푸라 じゃこ天ぷら 조자코텐 上じゃこ天</small>

핫스이 가마보코八水蒲鉾

에히메의 소울푸드 '자코텐じゃこ天'. 핫스이 가마보코의 대표 메뉴는 전갱이나 갈치로 만든 평소에 먹기 좋은 '자코텐푸라'(3개입)와 시코쿠에서는 사시미로도 먹을 수 있는 흰살 생선인 히메지(붉은 양태류)가 주원료인 '조자코텐'(2개입) 등이 있다. 생선을 뼈째로 사용해 칼슘이 풍부하고 먹기 쉬워 간식이나 안주로도 사랑받는 에히메의 만능 음식으로 알려져 있다.

숙련된 기술로 만들어지는 소박한 맛의 가마보코

바구니에 담긴 '아게마키 바구니'는 다 먹은 후에도 '아게마키'의 여운을 느낄 수 있어 선물용으로도 인기 있는 상품이다.

유부말이 어묵   아게마키 あげ巻   (에히메)
다나카 가마보코혼텐 田中蒲鉾本店

'아게마키'는 신선한 생선살을 유부로 돌돌 말아놓은 가마보코로, 에히메현 난요 지방의 향토음식이다. 한 개 한 개 정성스럽게 말아 쪄서 만들기 때문에 조금 비싸다. 1888년 창업한 다나카 가마보코혼텐에서는 전쟁 이전부터 유부를 현지의 노포 두부 가게에서 구입해 변함없는 맛을 전한다.

'말린 상어'가 이렇게나 많다!

사진: 스에히로 쇼핑센터

말린상어   후카노테쓰보시 フカの鉄干し
(고치)

고치현 산간 지방의 전통 저장식품인 '말린 상어'는 '후카노테쓰보시'라고도 불린다. 표면이 철(테쓰)처럼 딱딱한 것이 그 이름의 유래. 가볍게 구워 반찬이나 술안주로 먹는 고치현 주민들은 가을에 새로운 상어가 나오는 것을 고대하고 있다. 씻어서 말리기 때문에 상어 특유의 암모니아 냄새가 나지 않는다.

> 도사土佐 지방의 파티는 어묵이 주인공?

도사의 화려한 어묵
(고치)

파티를 좋아하는 도사 지방 사람들. 사람들이 술잔을 기울이는 한가운데에는 '사와치皿鉢요리'라고 불리는 고치식 파티용 플레이트가 있다. 화려하게 접시를 장식하는 고치 특유의 가마보코 군단은 자르기만 하면 완성된다. 거기에 맛의 변화를 주는 후麩(밀기울)나 달콤한 표고버섯 조림, 삶은 달걀 등과의 드라마틱한 조합은 차원이 다른 맛을 선사한다!

고치현의 가마보코 제조업체 중 하나인 도사 가마보코土佐蒲鉾에서는 타 지역 사람들에게 '고치의 지쿠와 구멍이 커서 오이 한 개를 통째로 넣는 것이 정석'이라고 가르치는데, 의외로 놀라는 경우가 많다고 한다.

**촉촉하고 육즙이 풍부해
그대로 통째로 씹어먹어도 OK!**

고치

순살 가다랑어 스틱
히메가쓰오스틱 믹스 5개입
姫かつおスティック ミックス5本入

도사시미즈식품土佐清水食品

소다가쓰오宗田鰹(가다랑어의 일종)의 외줄낚시 문화가 남아 있는 도사시 미즈土佐清水시에서 탄생한 '히메가쓰오스틱'은 가마솥에서 삶은 소다가쓰오의 뼈를 정성스럽게 제거하고 만든 제품이다. 건강한 재료에 그대로 먹을 수 있는 간편함을 더해 2018년 출시 이후 인기를 끌고 있다. 간장, 유자, 매운맛, 마늘, 소금 레몬으로 만든 특제 양념도 맛있다! 식당에서 엄선한 육수의 원료인 소다가쓰오를 사용해 맛도 일품이다.

**옛날 그대로의 달콤한 쓰케아게
인기 있는 사쓰마아게가 가득!**

가고시마

어묵 튀김
쓰케아게
つけあげ

하시 코퍼레이션はしコーポレーション

사쓰마 사람(가고시마 현지인)은 사쓰마아게를 '사쓰마아게'라고 부르지 않는다. 다른 현에서도 '덴푸라' '아게(튀김) 가마보코' 등 명칭이 다르지만, 본고장에서는 '쓰케아게'가 진짜 이름이다. 일설에는 류큐 요리의 생선살을 튀긴 '지키아기チキアーギ'가 이름의 유래라는 설도 있다. 오키나와현 특유의 아쿠모치자케灰持酒(양조한 술지게미에 재를 섞어 만든 술)와 설탕을 넣어 풍미를 살리고 보존성을 높였다.

친근한 B급 음식으로 인기! 사가시의 소울푸드

사가

다진 생선살 튀김   마고리노 민치텐 馬郡のミンチ天

마고리 가마보코 馬郡蒲鉾

'민치텐'은 앞서 소개한 '교롯케' '생선가스' '아카텐' 등과 마찬가지로 생선살에 다진 양파를 섞어 빵가루를 입혀 튀겨낸 음식이다. 그 중에서도 1935년 창업한 사가佐賀시의 마고리 가마보코의 '마고리 노민치텐'은 현지의 소울푸드다. 매콤한 맛에 작은 판 모양으로 맥주 안주, 도시락 반찬으로 활약하고 있다.

이시가키섬의 새로운 맛 삼각 가마보코 안에는 밥

주먹밥 어묵 튀김   주시 가마보코 じゅーしーかまぼこ / 블랙 주시 ブラックじゅーしー

오키나와

긴조 가마보코점 金城かまぼこ店

야에야마八重山 가마보코의 명점인 긴조 가마보코점의 오리지널 상품으로 간편하게 현지 음식을 맛볼 수 있다. 오키나와의 밥 '주시(돼지 육수나 각종 국물로 지은 밥)'를 흰살 생선살로 싸서 튀긴 '주시 가마보코'와 오키나와에서 많이 사용하는 오징어 먹물을 반죽한 생선살로 카레맛의 주시를 감싼 '블랙 주시'가 있다.

섬의 돌담에 기어다니는 덩굴성 식물이 바로 '주시'에서 나는 향의 정체, 섬 후추 '피파쓰ピパーツ'다. 긴조의 사장은 매일 아침마다 집 정원에서 수확한 잎을 이용해 밥을 짓는다. 그 열매는 야에야마 소바에 빠질 수 없는 양념으로 알려져 있다.

칼럼 ❷

신선식품 반찬 생선

상어 머리 아부라자메 あぶらざめ

아오모리

포장되어 있던 것은 상어 머리였다. 아오모리에서는 아부라자메(상어의 일종) 머리를 삶아서 스미소(식초가 첨가된 미소)에 찍어 먹는 '사메노스쿠메鮫のすくめ'가 향토음식이다.

출처: 농림수산식품부 〈우리고장 음식〉

삶은 문어 아가미 다코사사메 たこささめ

홋카이도

〈바람계곡의 나우시카〉의 왕충(오무)? 아니, 홋카이도의 해산물인 문어의 아가미를 삶은 것이다. 왓카나이 등에서 소비된다.

우유병에 담긴 성게 규뉴빈이리나마우니 牛乳瓶入り生うに

이와테

이와테현 기타산리쿠北三陸의 6월 하순~8월 상순은 성게잡이 시즌이다. 껍질을 벗긴 성게를 소금물과 함께 우유병에 담아 판매하는 것이 이 지역의 전통 방식이다.

지금까지 가공식품을 살펴봤지만, 실제 생활에서는 신선한 생선과 채소가 매일 반찬의 주인공이다. 특히 바닷가 슈퍼의 생선 코너는 다른 지역 주민들에게는 '음식 도감'처럼 보기 드문 광경으로 가득하다.

예로부터 일본인들은 특별한 날에 특별한 생선을 먹어왔다. 각지에서 소중히 여겨져온 생선을 만나면 그 지역 사람들의 역사와 문화를 접하는 것만 같다.

돈만 내면 무엇이든 먹을 수 있는 것처럼 착각하는 현대인의 삶이지만, 제철을 놓치면 만날 수 없는 것이 바로 '현지 특산 생선'이다. 우리가 바다의 생명 활동에 맞춰 살아왔다는 것을 생각하면 오늘의 반찬은 어딘가 다르다.

사진 : 이스트몰(아키타)

아키타

도루묵 하타하타
鰰

아오모리

사진 : 가부센터(아오모리)

왕밤송이게 도게쿠리가니
とげ栗がに

한겨울 하늘에 천둥소리가 울려 퍼질 때, 아키타 연안에는 산란을 위해 도루묵이 몰려든다. 한편, 만개한 벚꽃 아래 아오모리 현지인들이 한꺼번에 모여서 먹는 것은 삶은 왕밤송이게(털게의 일종)이다. 각 지역마다 기다려지는 제철 해산물이 있는 것이다.

기후 나가노

사진 : 스루가야 / 패밀리 스토어 사토(기후)

염장 방어 시오부리
塩ぶり

도야마에서 폭설이 내리는 산길을 따라 소금에 절인 방어를 등짐을 지고 나르던 시절, 산에서의 특별요리. 도야마에서 신선한 방어 사시미가 들어오는 지금도 연말연시에는 빼놓을 수 없는 것이 소중한 '시오부리'다.

오키나와

사진 : 타운 플라자 가네히데(오키나와)

선어鮮魚 **· 바다포도** 우미부도
海ぶどう

따뜻한 바다에서 자라는 것은 바다포도와 선명한 남방 어류다. 코발트 블루의 '이라부차イラブチャー(비늘돔)'는 비늘을 떼어내도 껍질이 푸른색을 띠며, 사시미가 대표적이다.

59

고기 반찬

햄과 소시지에 곱창과 호루몬!
맛으로 엄선한 고기 반찬!!

센다이 쇼잔칸 소시지
仙台勝山館ソーセージ

 미야기

쇼잔 넥스테이지 勝山ネクステージ

눈속임 없는 돼지고기 맛으로 센다이 시민들을 매료시켜온 완전 무첨가 소시지. 과거에는 황족 등도 맞이했다는 영빈관 '센다이 쇼잔관'을 소유한 센다이번의 양조장 '쇼잔'에 뿌리를 둔 업체답게 준마이 긴조의 사케카스(술지게미)와 센다이 미소에 절인 '긴조사케카스즈케 吟釀粕漬け' 소시지가 특징이다. 불에 구워 먹으면 술지게미 향이 은은하게 퍼진다.

완전 무첨가에 대한 고집 풍부하고 진한 육즙!

훈제 향이 나는 두툼한 무첨가 베이컨은 훌륭한 일품 요리. 덩어리를 사서 구워 먹으면 별미!

말 사시미에는 '가라미소 辛みそ', 이것이 아이즈의 상식이다!

말 사시미 & 마늘 미소
바사시 馬刺し & 가라시미소 からしみそ
(후쿠시마)

보신 戊辰 전쟁으로 많은 부상자가 발생한 아이즈번에서 영양식으로 널리 퍼졌다는 말고기. 그러나 생식은 훨씬 후의 일이다. 시합을 위해 아이즈를 방문한 쇼와시대의 스타 프로레슬러 리키도잔(역도산) 力道山이 직접 가져온 '마늘이 들어간 가라시미소'로 말고기 사시미를 먹어보고 싶다고 한 것이 계기가 되었다. 이후 가라시미소와 말고기 사시미는 아이즈의 향토음식으로 자리 잡게 되었다.

사진: 하야오(오른쪽)

'다카사키 호루몬'의 선구자 그리운 고깃집의 맛

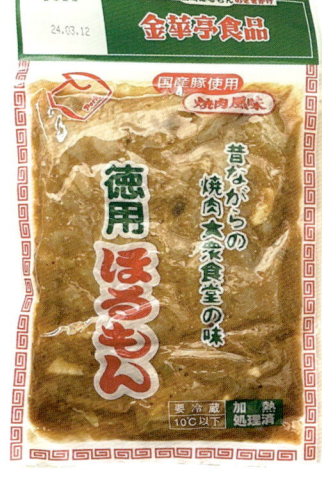

돼지 내장 호루몬 ほるもん   군마

긴카테이식품 金華亭食品

"전쟁 후 할아버지가 시내 도축장에서 버려질 뻔한 내장(호루몬)을 가져와 요리 솜씨 좋은 할머니가 맛을 냈다. 동네에서 소문이 나면서 리어카 장사를 하다가 호루몬야키 가게가 되었다." 다카사키高崎 주변에 있는 호루몬야키 문화의 기점이 된 긴카테이의 이야기를 전하는 것은 긴카테이식품의 사장이다. 조부모의 맛은 슈퍼에서 구입할 수 있는 '호루몬'으로 이어져 내려오고 있다.

홋카이도에서 돼지 내장이 향토음식?

호루몬 ホルモン
(홋카이도)

소의 이미지가 강한 홋카이도지만, 양돈이 발달한 지역도 있다. 그 주변에서는 신선한 돼지 내장을 저렴하게 구할 수 있었기 때문에 대장, 소장 등을 양념한 돼지 호루몬이 현지 음식으로 자리 잡았다. 도카치, 아사히카와, 유바리, 삿포로 등 인기 호루몬 가게의 냉동상품이 진열되어 있는 홋카이도 내 슈퍼의 풍경이다.

조슈 上州 지방의 스태미나 식단! 크림처럼 부드러운 '모쓰니'

'호루몬야키'(61쪽)가 다카사키를 대표하는 맛이라면, 내장에 미소 곤약을 함께 끓여 흰 쌀밥의 반찬이자 국물요리로 즐기는 '모쓰니'는 유명한 전문점도 있는 현지인 음식이다. 전후 양돈업이 번성하여 신선한 내장을 소비한 배경은 동일하다. 냄새가 없고 부드러우며 매콤하면서도 부드러운 크림 같은 맛의 모쓰니를 탕으로 맛볼 수 있는 '니하치구루마야 간소 모쓰니'는 간편하게 즐길 수 있어 인기다.

군마

곱창 조림 니하치구루마야 간소(원조) 모쓰니
二八車家 元祖もつ煮

니하치구루마식품 二八車食品

현지 슈퍼의 명물 일석이조의 간편한 식재료

획기적인 일석이조 식재료. 그대로 먹으면 생마늘 맛의 간장 양념 돼지 곱창. 쫄깃쫄깃한 식감으로 술안주나 밥과 함께 먹기 좋다. 이것을 양념에 버무려 채소와 함께 볶으면 스태미나 볶음 요리로 변신한다! 사실 지바에 매장 열두 곳이 있는 슈퍼 나리타야의 인기 오리지널 상품이다. 봉지의 근육맨 캐릭터는 창업자이자 개발자인 기쿠가와 잇페이 菊川一平 사장이 모델이다.

지바 **마늘맛 곱창** 모쓰닌니쿠즈케 もつにんにく漬
슈퍼 나리타야 スーパー・ナリタヤ

나리타야의 역사

1977년 개업한 잇페이식당―平食堂에서 젊은 사장 부부가 만든 '모쓰닌니쿠즈케'가 대표 메뉴이다. 이후 슈퍼로 전환한 후에도 변함없는 명물로 큰 인기를 끌고 있다.

스테이크햄 　스테키하무　ステーキハム　**가나가와**

가마쿠라 햄 도미오카상회 鎌倉ハム富岡商会

1874년 영국인 윌리엄 커티스에 의해 가마쿠라에 전해진 햄 제조법을 지금도 지키고 있는 가마쿠라 햄 도미오카상회. 1929년 일본을 방문한 비행선 '체펠린호'의 기내식 메뉴에 적힌 'Kamakura Ham'이라는 이름에서 당시의 평가를 엿볼 수 있다. 이 회사의 화이트 로스트햄을 두껍게 썬 타입을 꼭 스테이크로 먹어보길.

풍미 가득한 맛 두툼하게 자른 로스트햄

가마쿠라 햄 도미오카상회의 역사

커티스의 햄 제조법을 배운 일본인 도미오카 슈조富岡周蔵(오른쪽)가 1900년에 회사를 설립했다. 서양식 문화가 확산되는 가운데 업계를 선도했다. 창업 당시의 공장(왼쪽)과 운송 차량(위).

소와 돼지 내장 조림 　호루몬　ホルモン／시로호루몬　白ホルモン　**후쿠이**

호시야마상점 星山商店

소와 돼지의 내장 '시로호루몬'과 소와 돼지의 장에 위(하치노스, 가쓰)와 심장(하쓰)을 넣은 '호루몬'이 대표 상품이다. 구우면 입안 가득 퍼지는 기름과 비법 수제 미소 소스의 감칠맛으로 유명한 호시야마상점의 제품이다. 현재 호루몬의 도시로 알려진 후쿠이현 오노大野시에서 가장 오랜 역사를 자랑하는 호르몬 판매점이다. 끈으로 묶인 주머니 모양이 눈에 띈다.

탱글탱글한 식감과 깊은 맛이 중독성 있다!

양고기구이 도야마징기스 遠山ジンギス
니쿠노스즈키야 肉の鈴木屋
나가노

홋카이도의 징기스칸과 다른 문화 미나미신슈南信州의 '도야마징기스'

산짐승의 고기를 '삶아' 먹는 전통이 있는 나가노현 남단의 산속 깊은 도야마고遠山郷. 전쟁 후 면양 품종이 쇠퇴하자 식용으로 나온 양고기에 미소와 마늘을 섞은 양념을 발라 '도야마징기스'로 만든 것이 니쿠노스즈키야이다. 창업자 스즈키 마사요시鈴木理孔가 소년 시절 처음 본 '구운 고기'는 발전소 건설에 종사한 한국 출신 노동자들이 둘러앉아 구워먹던 고기였는데, 이것에서 힌트를 얻은 것이다.

오늘은 무슨 징? 도리징(닭)・부타징(돼지) 31종!

도야마고에서는 양념한 스태미나 고기를 '징기스'라고 총칭한다. 1957년 '도야마징기스'가 탄생한 후 양뿐만 아니라 돼지, 닭, 사슴, 멧돼지 제품도 출시해달라는 요청이 늘어나 현재는 31종에 이른다. '매일 1징'으로 한 달 동안 다양한 징기스를 즐길 수 있다.

양돈업의 발전으로 늘어나는 명물 '도야마호루몬'!

갈매기살과 돼지 곱창 <small>도야마호루몬 遠山ホルモン</small>
니쿠노스즈키야テムチン

양념 돼지 곱창 <small>데무친 テムチン</small>

도야마호루몬

닭고기와 닭내장

도야마토리호루 遠山鶏ホル

돼지 호루몬은 도야마고의 소울푸드 중 하나다. 산 깊은 곳에서 임업과 축산업이 발달한 가운데, 쇼와시대에는 양돈업이 발전했다. 신선한 내장을 쉽게 구할 수 있었던 점과 당시 대륙에서 온 사람들이 많이 살았던 것이 호루몬구이가 정착하게 된 요인으로 생각된다. 같은 지역인 야키니쿠의 고장 이다飯田는 소 호루몬(구로모쓰黒もつ)이 주류를 이룬다.

니쿠노스즈키야의 역사

1957년 도야마고에서 스즈키 마사요시가 아내 지에코智恵子와 함께 니쿠노스즈키야를 창업했다. 간판 상품인 '도야마징기스'와 '신슈노야마노니쿠信州の山の肉'라는 두 개의 간판을 내걸고 매진했으며, 현재는 사장인 장남 마사시理와 아내 시호志保가 산의 은혜에 감사하며 전국에 도야마의 맛을 전하고 있다.

도야마고에 있는 매장 외관. 왼쪽 사진 세 개는 구 매장. 현재 매장에는 12종의 고기를 취급하는 만큼 도야마고의 십이지 간판을 내걸고 있다.

부채꼴 모양의 우아한 소시지 밥을 싸서 맛있게 먹는다

부채꼴 모양으로 먹는 방법도 우아한 소시지. 밥을 싸서 마요네즈를 살짝 얹어 먹는 것이 아침식사의 정석이다.

 부채꼴 소시지 오기가타소세지 扇型ソーセージ
신슈햄 信州ハム

그린마크 상품으로 유명한 신슈햄. 나가노와 교토를 중심으로 사랑받고 있는 것이 1956년부터 계속 잘 팔려온 '부채꼴 소시지'이다. 돼지고기 외에 소고기와 어육이 부채꼴 모양으로 하나로 합쳐져 맛도 모양도 일식과 양식의 절충형이며, 먹는 방법도 '따뜻한 밥을 싸먹는' 일본 스타일이 정석이다. 언뜻 보면 햄처럼 보이지만 볼로냐 소시지의 일종이다.

신슈햄의 역사

1941년 구보 가쿠타로久保角太郎가 구보 상점을 창업, 9년 후 신슈햄으로 개칭하고 판매점 '서비스 스테이션'을 설치했다. 1947년 본리스boneless 햄을 손에 들고 있는 구보 가쿠타로(아래 사진).

블록 타입도 인기!

'부채꼴 소시지' 블록 타입(2.4kg, 1.3kg)도 인기다. 원하는 크기로 썰어서 프라이팬에 살짝 구워 먹으면 더욱 맛있다.

추억의 맛, 메이호햄의 스테디셀러 중 스테디셀러!

기후 | **메이호햄** 明宝ハム
메이호햄明宝ハム

'묘가타햄'(아래)과 이름도 생김새도 비슷한 '메이호햄'. 둘 다 기후현의 옛 묘가타명방 마을이 발상지로, 원래는 같은 햄이었다고 한다. 그러나 묘가타햄이 마을 밖으로 이전한 것을 계기로 마을에서는 메이호햄을 생산하기 시작했고, 마을 이름도 메이호무라明宝村(현 구조郡上시 메이호明宝)로 개명했다. 지역명과 상품명이 동일해진 메이호햄은 인지도가 높아 나고야에서는 이자카야 메뉴의 단골 메뉴로 자리 잡았다.

소박한 맛의 프레스햄 일본산 돼지고기만을 사용한

기후 | **묘가타햄** 明方ハム
묘가타햄明方ハム

1953년 기후현 오쿠묘가타무라奧明方村에서 오쿠묘가타 농업협동조합이 개발한 햄이다. 고급 돼지고기를 사용하고, 첨가물에 최대한 의존하지 않는 전통적인 제조법으로 숙성되어, 고기 본연의 감칠맛이 응축된 햄이다. 도카이 지방을 비롯해 간토와 간사이의 슈퍼마켓, 전국의 JA(일본 농협) 산지 직거래 시장에서도 판매되고 있다.

볼로냐 소시지

원래 소의 내장만 한 크기 때문에 햄으로 착각하기 쉽지만, 프레스햄이 아닌 부드러운 식감의 볼로냐 소시지이다. 질 좋은 일본산 돼지고기를 사용해 노약자나 어린이들에게도 부드럽고 맛있다는 평을 받는다.

간사이에서는 초특급 일품 냉장고의 필수 아이템!

폴 비엔나   포루윈나 ポールウインナー

이토햄 伊藤ハム

1934년 효고에서 탄생한, 셀로판에 소시지를 채운 스틱형 '셀로 소시지'가 현재의 '폴 비엔나'의 원형이다. 필름을 벗기면 가열하지 않아도 간편하게 맛있게 먹을 수 있는 육가공품이라는 점에서 오사카에서는 '냉장고의 필수 아이템'으로 불릴 정도로 정착했다. 현재는 간사이에서 전국적인 상품으로 인기가 확대되고 있다.

셀로판 소시지

셀로판 자투리를 재사용해 개발한 '셀로 소시지'는 이토햄 발전의 토대가 되었다.

맥주 안주로도 안성맞춤!! 매운맛이 중독성이 있다!

하와이안 포치키(매운맛)   ハワイアンポチキ(辛口)

돗토리

에어·워터 아그리 & 푸드 에어·ウォーターアグリ&フーズ

1975년에 상표 등록 후 1980년대 매운맛 붐을 타고 큰 인기를 끌었던 간판 상품. 하와이의 대표 음식인 '포루토기스 소시지'는 영어로 '포르투갈 소시지'라는 뜻이다. 돼지고기에 고추와 파프리카, 향신료를 섞어 만든 소시지로, 하와이에서 전해진 오키나와의 향토음식이기도 한 '포치키'. 일본 혼슈에서는 산인山陰의 다이센햄大山ハム에서 판매 중이다.

닭날개 튀김　와카토리노테바사키
若鶏の手羽先
오니시오오니시

현지 히로시마에서 '브로일러(부로이라)'라고 불리는 이유는 1980년 출시 당시 술집에서 판매된 것 외에도 과자점에서도 상자째로 진열되어, 상자에 적힌 '브로일러'라는 글자가 쇼와시대 어린이들에게 각인되었기 때문이다. 기름에 튀겨 비법 조미료로 맛을 낸 마늘 맛인데, 손에 쥐고 먹어도 끈적거리지 않아 어머니도 안심했다.

히로시마에서는 상식? 언제 어디서나 '브로일러'!

닭날개(데바사키)만 보면 떠오르는 소풍, 동아리 활동 후 돌아오는 길, 해수욕. 닭날개를 뜯어먹는 청춘과 브로일러.

기념품은 예쁜 상자!

브로짱

20개입

5개입

'저렴한 간식의 대명사'였던 이 맛은 이제 선물용으로도 많이 쓰이는 '선물의 대명사'로 등극했다. 개별 포장으로 유통기한이 120일이나 되기 때문에 넉넉하게 받아둬도 좋다.

 포크 소시지 ポークソーセージ

나가사키 운젠햄 長崎雲仙ハム

시마바라島原 시민들이 '운젠햄'이라고 부르는 소울푸드 '포크 소시지'. 햄이라고 해도 다져서 숙성한 돼지고기를 소금에 절여 성형한 볼로냐 소시지를 말하는데, 큰 것은 길이 37cm, 지름 5cm, 작은 것은 24cm, 4cm로 일반적인 소시지보다 상당히 크다. 창업 70여 년, 지역 소비량=생산량으로 현 밖에서는 거의 판매하지 않는 희귀한 존재다.

포크 소시지? 아니 '운젠햄'!

가미쓰시마의 야키니쿠는 국경의 맛 '돈짱'이 있다!

 양념 고기 가미쓰시마 돈짱 上対馬とんちゃん

헤이와정육점平和精肉店/무라모토 식육센터村元食肉センター

섬의 북쪽 끝에서 한국이 보이는 지리적 근접성, 역사적으로도 조선통신사와의 교류가 있었던 국경의 섬 쓰시마. 전쟁 후 섬의 북쪽 가미쓰시마에 사는, 한국에 뿌리를 둔 사람들로부터 전해져 정착한 것이 '가미쓰시마 돈짱'이다. 진하고 와일드한 헤이와정육점 '헤이와파'와 냄새 없는 마늘로 달콤하고 부드러운 맛을 낸 무라모토 식육센터 '무라모토파', 두 개의 파벌이 공존하고 있다.

양념한 고기를 해동해 채소와 함께 볶기만 하면 되는 간단한 요리. 전기그릴에 구우면 손쉽고 간편하게 BBQ를 즐길 수 있다.

**간편하게 가브리살과 족발을!
다양한 맛 양념 3종 포함**

 구마모토

구운 족발 기와미톤소쿠
極豚足

다카미상점 高見商店

구마모토현 히토요시시吉市의 현지 슈퍼 이스미イスミ의 운영사 다카미상점이 개발한 규슈의 소울푸드인 구운 족발. 상온에서 장기 보관이 가능하고 데우기만 하면 먹을 수 있는 편리함 때문에 집에서 술을 마시는데 고기 안주가 부족할 때, 요리는 귀찮지만 고기는 먹고 싶을 때 안성맞춤이다. 식초간장, 고춧가루, 소금 후추로 구성된 양념 3종 세트도 함께 제공되어 완벽하다.

후쿠오카 슈퍼의 매장 풍경

'구운 족발' '닭 반 마리 튀김', 야키토리라는 이름의 '삼겹살' 등 고기에 대한 애착이 남다른 후쿠오카 현지인의 요구에 부응하는 현지 슈퍼의 풍경은 꽤나 개성적이다. 가장 큰 차이점은 모쓰나베 등에 사용하는 호루몬을 판매하는 방식이다. 다양한 호루몬을 종류별로 진열하고 계량하는 모습은 어딘지 모르게 아시아스럽다.

사진 : 다이쿄밸류 야나가점

후게쓰의 대표 메뉴 구운 돼지족발에 양념 포함

 족발 후게쓰노톤소쿠
風月の豚足
후게쓰風月

구마모토현 구마군球磨郡에서 창업 후 35년 동안 사랑받아온 후게쓰. 라멘집으로 업종을 바꾼 지금도 변하지 않는 것은 간판 메뉴인 '후게쓰노톤소쿠(후게쓰의 돼지족발)'의 맛이다. 직화로 천천히 구워낸 고소한 맛과 입안에서 사르르 녹는 듯한 부드러운 식감. 최근에는 현내 일곱 곳에서 24시간 판매하는 '족발 자판기'를 운영해 화제를 모으고 있다.

반찬이든 안주든 가게의 맛을 집에서 간편하게 즐긴다!

 내장 미소 조림 후게쓰노미소니코미호루몬
風月の味噌煮込みホルモン
후게쓰風月

같은 음식점 후게쓰의 인기 안주 메뉴인 '후게쓰노미소니코미호루몬(후게쓰의 미소 조림 호루몬)'. 엄선한 호르몬을 정성껏 조려서 만들어 냄새가 없고 뒷맛이 깔끔하다. 맥주나 증류주와 먹는 술안주로도 인기지만, 이것을 흰 쌀밥에 얹어 '호루몬메시ホルモンめし(호루몬밥)'로 먹는 것은 집에서 먹는 사람만의 특권이다. 데우기만 하면 가게의 맛을 즐길 수 있는 행복을 느껴보자.

냄비나 전자레인지에 데우기만 하면 거의 가게의 맛에 가깝다. 시치미, 파채 등을 곁들이면 어디를 봐도 가게 수준.

2개 1세트 판매는 기본!
매콤한 소시지

포루토기스 소시지
ポルトギースソーセージ

오키나와 호메루沖縄ホーメル

콘비프 해시, 비프 스튜 등 미국 식문화를 오키나와에 뿌리내린 오키나와 호메루. 그중에서도 하와이에서 전해진 맛(68쪽 참조)은 영어로 '포르투갈 소시지'라는 뜻의 '포루토기스 소시지'이다. 포르투갈에서 유래한 매콤한 소시지로, 그대로 먹어도 좋고 볶아 먹어도 맛있다. 2개 1세트 판매가 인기 품목이다.

오키나와 오뎅의 메인은 '데비치(족발)'!

슈퍼나 시장에서 손질된 '데비치'를 구입할 수 있는 오키나와. 오뎅 외에도 데비치 조림, 데비치시루(국물) 등 데비치가 넘쳐난다.

더운 오키나와에서도 오뎅은 인기 반찬이다. 반대로 오키나와에서는 '찬바람이 불면 오뎅이 맛있어진다'는 감각이 없으니 계절감이 없는 메뉴가 된 것일지도 모르겠다. 사진 속 슈퍼의 오뎅 국물은 놀랍게도 검은색인데, 간장의 짠맛이 없는 것이 신기하다. 그리고 오뎅 재료의 메인은 푹 삶은 대량의 '데비치'이다. 일설에 따르면 데비치 진액이 오뎅 국물을 검게 만든다고 한다. 당연히 맛있을 수밖에 없다!

칼럼 ❸

히다의 향토요리 게짱 鶏ちゃん (양념 닭구이)

고기와 마찬가지로 전문점에서 먹기도 하고 집에서 즐기기도 하는 요리. 주로 진공 냉동팩으로 판매하며, 슈퍼에는 엄청난 양의 제품이 각 회사마다 다양한 맛으로 나와 있다.

게짱 鶏ちゃん

게짱 けーちゃん

'다이진노케짱大臣の鶏ちゃん(대신의 게짱)'(스미비야키니쿠 '다이진' 炭火焼肉 '大臣')은 인기 야키니쿠집 특제로 고기가 부드럽고 껍질이 맛있다는 평판을 얻고 있다. '게짱鶏ちゃん'(봇카노사토牧歌の里)은 현내의 휴식 테마파크 '봇카노사토(목가 마을)'의 오리지널 게짱이다. 대표 메뉴인 구조미소郡上みそ로 매콤한 맛의 미소가 인기.

'히다쇼카와 이치마노케짱飛騨荘川いちまのけーちゃん'(미시마주점三島酒店)은 30년 동안 만들어온 수제 양념장이 인기다. 미소에 마늘 맛이 가미된 '스태미나 불끈불끈 맛スタミナもりもり味'은 밥은 물론 술안주로도 좋아 술꾼들의 지지를 받고 있다.

'게짱'은 기후현의 향토요리이다. 이름의 유래는 지역에서 돼지의 맛을 낸 호루몬을 '돈짱'이라고 불렀기 때문에 '게짱'이 되었다는 설도 있다.

원래는 집에서 더 이상 알을 낳지 않는 닭은 명절에 맛보는 음식의 재료였다. 닭의 양념은 지역과 가정마다 다른데, 간장이나 된장 베이스에 채소와 함께 구워 먹는 스타일이다.

1955년경 양계장에서 폐계(늙어서 알을 낳을 수 없거나 고기 가치가 떨어지는 닭)를 '게짱'으로 만들어 판매하자 정육점이나 외식 전문점이 늘고, 고기 부위와 식감에도 개성이 생겼다. 또한 1960년대 중반 이후에 현재의 진공 냉동팩이 개발되면서 일반 가정에 널리 보급되었다. 업체마다 다른 고기의 종류, 양념, 이름 표기 등을 즐겨보자.

'야마가노케짱山家のけいちゃん'(쇼카와야마가노료리혼포쇼가와山家料리本鋪)은 마늘이 많이 들어간 시골 미소 맛이다. '치킨 딘티チキンディンティ'(미즈호식품ミズホ食品) 중에서 가장 인기 있는 것은 역시 미소 맛이다. '스태미나 치킨スタミナチキン'(가와무라쇼쿠초河村食鳥)은 부드러운 맛이 인기이며, '소금 누룩 양념에 절인 게짱'도 이 회사 제품이다. '와카바노케짱わかばのけいちゃん'(와카바식품わかば食品)은 구조시 정육점의 생고기를 넣은 것이다.

'하기야케짱萩屋ケイちゃん'(하기와라 치킨센터萩原チキンセンター)은 진공 냉동팩 제품의 선두 업체다. 기본 맛인 미소맛, 간장맛 외에도 '세카이노야마짱世界の山ちゃん 환상의 후추幻のコショウ맛', 'CoCo이치방야 카레맛' 등 인기 가게와의 콜라보 상품과 새로운 맛을 잇달아 개발하여 항상 즐거움을 선사하고 있다.

'가네토노케짱カネトのケーちゃん'(무라야마치킨村山チキン)하면 시골 미소 맛. 창업 이래 3대째 이어져온 비법의 특제 소스는 현지인에게는 친숙한 맛이다. '오야도리케짱親どりケーちゃん'(미즈호식품)은 닭고기 문화의 발상지답게 성계(다 자란 닭)를 사용하기 때문에 씹는 맛이 일품이다. 감칠맛이 있다.

채소 반찬

쓰케모노, 두부, 유부, 곤약 등 맛있는 채소 반찬!

식감이 좋고, 떫은 맛이 적어 아삭한 샐러드도 ok!

삶은 라완 머위 라완부키 らわんぶき

JA 아쇼로あしょろ

홋카이도

홋카이도 아쇼로足寄초·라완螺湾 지역은 일본에서 가장 큰 '라완부키(머위의 일종)'의 자생지이다. 높이 3m, 두께 10cm 이상! 원래는 아키타부키(자이언트 머위)인데, 아쇼로 지역에서만 왜 이렇게 거대해지는지 밝혀지지 않았다. 6~7월에 수확한 생 라완부키는 일반 부키와 마찬가지로 데쳐서 먹어야 하지만, 쓴맛이 적고 상큼하다.

삶은 라완부키는 데치지 않아도 된다. 구멍에 고기를 채우거나 튀김, 바삭바삭한 샐러드로 즐긴다.

속을 채운 오이 절임 긴콘즈케 金婚漬

이와테

미치노오쿠道奥

금혼(긴콘), 결혼 50주년 부부처럼 숙성된 맛의 '긴콘즈케'. 오이 안에 당근, 우엉, 다시마 등이 채워져 있으며, 원형으로 자르면 마치 공예품처럼 아름답다. 원래는 하나마키 지방에 전해지는 저장식인데, 지금은 미치노오쿠의 간판 상품이 되었다. 1962년 민예품 판매로 창업했지만 전혀 팔리지 않았고, 1년 후 시작한 긴콘즈케가 인정받아 역사가 60여 년이 넘었다. 부부라면 다이아몬드 혼(결혼 60주년)이다.

마치 공예품처럼 보기에도 아름답다! 원형으로 자른 쓰케모노

쓰가루의 원조 '달걀 두부'
여름에는 시원하게, 겨울에는 따뜻하게

목넘김이 부드러운 달걀 두부(달걀과 육수를 섞은 후 쪄서 굳힌 음식)는 여름 식탁을 시원하게 만들어준다. 하지만 아오모리에서는 사계절 내내 인기 상품이다. 풍부한 재료에 단맛이 두드러지며, 용기도 일반 두부에 가깝다. 아오모리 현지인은 겨울이 되면 따뜻하게 데워 먹는 수수께끼 같은 행동을 하는데, 그렇다면 달걀찜이 아닐까? 사실 달걀찜은 따로 있는데, 밤을 넣고 달게 조린 것이라고 한다.

 아오모리 **달걀 두부** 다마고토후 玉子とうふ

기도식품 木戸食品

아오모리 달걀찜풍 달걀 두부의 원류. 할머니로부터 두부 가게를 물려받은 선대 사장이 요리에 능숙한 어머니의 조언으로 1970년에 고안했다.

쇼와시대풍의 패키지가 눈에 띈다. 1913년 히로사키에서 창업한 두부 가게가 1970년대에 판매하기 시작한 롱셀러 상품.

아오모리 **달걀 두부** 다마고토후 玉子とうふ

가쿠미쓰식품 かくみつ食品

푸짐한 재료 & 추억의 맛 달걀찜 같은 달걀 두부

독특한 식감과 깊은 맛을 지닌 일본산 오이 시오즈케 (소금 절임)

이와테현 시와초紫波町에서 절인 쭈글쭈글 쓰케모노 '시와큐리(주름 오이)'. 일본산 오이를 소금으로만 절여 젖산 발효시켜 천천히 숙성시킨다. 깊은 맛과 아삭아삭한 식감은 양조장 효모가 빚어내는 맛으로, 시간이 지나 주름이 생기면 좋은 맛으로 변한다. 시와큐리 같은 노화를 목표로 해보자.

오이 절임 시와큐리 しわきゅうり
아오산青三

이와테

삼각형 모양의 유부
겉은 바삭바삭, 속은 포슬포슬

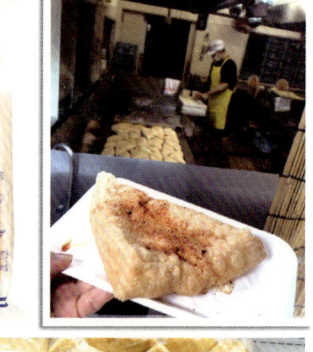

삼각 유부 산카쿠조기아부라아게
三角定義あぶらあげ
조기두부점定義とうふ店

미야기

센다이의 유부는 왠지 두툼하고 크다. 그 뿌리는 1890년 창업한 조기뇨라이사이호定義如来西方寺 주변 마을에 있는 조기두부점. 선대가 매장에서 갓 튀겨낸 것을 판매하기 시작하면서 바삭바삭하면서 기름진 식감과 맛으로 하루 1만 명이 찾는 인기 가게로 성장했다. '산카쿠(삼각)'는 효율성을 위해, '조기(정의)'는 단노우라에서 패배한 다이라노사다요시平貞能(헤이안시대의 무장)가 이곳에서 지은 이름으로 삼각자와는 무관하다.

센다이 주변에는 산카쿠조기 유부의 영향을 받아 통통하고 큰 삼각형 유부가 많다.

반드시 손으로 모양을 만드는
아키타 명물 '기리탄포'

으깬 밥 꼬치구이 기리탄포
きりたんぽ

아키타

야나기다키리탄포점 柳田きりたんぽ店

'기리탄포'의 발상지로 알려진 아키타현 가즈노鹿角시에서 '단포たんぽ' 외길 55년. 쌀은 아키타산, 물은 인근의 양조장에서도 사용하는 복류수(수질이 좋은 지하수의 일종)로, 하루 2,000개를 모두 손으로 만든다. 구우면 맛이 고소해지고 잘 부러지지 않는 것이 특징이다. 원래는 쌀을 으깨어 나무 막대기에 감싼 나무꾼의 저장식. 그 모양이 창 끝에 씌우는 커버 '단포'를 닮았고, 잘라서 냄비에 넣는다고 해서 '기리(자르기)'라는 단어가 앞에 붙었다.

적당한 단맛과 짠맛의 반찬 겸 다과

차조기 미소말이 구이
시소마키
しそ巻

(미야기)

미소에 참깨와 호두, 설탕을 섞은 것을 청차조기 잎(시소)에 말아서 기름에 구운 것으로, 예로부터 오래 보관할 수 있는 반찬 겸 다과였다. 다테 마사무네伊達政宗 공이 센다이 미소 제조를 장려했다는 미야기현 발상설이 있으며, 현재는 미야기현을 중심으로 도호쿠와 간토 지방에서 먹을 수 있다. 농가나 식품회사 등 제조자도 다양하며 가정에서도 만들어 먹는다.

아키타 명물 다쿠안즈케
훈제 향과 소박한 맛

 아키타

훈제 단무지
긴노이부리갓코
金のいぶりがっこ
다카세키카미고농장 高関上郷農場

훈제 절임이라는 뜻의 '이부리갓코'. 치즈에 곁들이는 세련된 안주로 와인 애호가들의 입맛을 사로잡고 있지만, 예전에는 농부들이 겨울을 나기 위해 만들어 먹던 진심 어린 저장식품이었다. 난로 위에서 훈연한 무를 다쿠안즈케(단무지)로 만들어 저장성을 높였다. 다카세키카미고농장도 눈이 많이 내리는 다이센大仙시에 있으며, 독자적인 맛을 추구하는 '긴노이부리갓코'에서도 진심 어린 훈제 향이 난다.

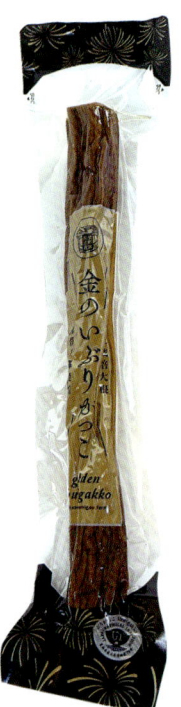

다쿠안즈케에 차조기를 말았다
탄광촌에서 탄생한 절임

1934년, 잡화점을 운영하던 나가쿠보 쓰네長久保ツネ가 직접 만든 쓰케모노를 매장에서 판매했을 때 잘 팔렸던 '나가쿠보의 시소마키'. 얇게 자른 단무지에 차조기를 말아 만든 것이다. 현재도 당시와 마찬가지로 1년 동안 절인 후, 한 장 한 장 수작업으로 차조기를 말아서 절인다. 소금 함량은 당시의 1/8로, 탄광의 도시 이와키いわき에서 하는 일이 염분이 필수적인 노동이었음을 알 수 있다.

 후쿠시마

차조기 오이말이 절임
나가쿠보노큐리노하나
長久保のきゅうりの華
나가쿠보식품長久保食品

당근과 오이(규리)를 크고 부드러운 잎으로 감아 꽃(하나)처럼 보이게 만든 화려한 절임. 한 입 크기로 자른 단면이 예술적이다.

차조기 단무지말이 절임
나가쿠보노시소마키
長久保のしそ巻
나가쿠보식품長久保食品

여름 식탁에도 안성맞춤! 오바나자와에서 전승되는 매콤한 쓰케모노

야마가타 | 가지 절임 페초라즈케 ぺちょら漬
오바나자와농산가공尾花沢農産加工

'페초라' 또는 '페소라'라고도 불리는 야마가타현 오바나자와尾花沢 주변의 전통 여름 쓰케모노이다. 모가미강 뱃길이 물자 수송의 중심이었던 옛날, 배에 실려 있던 가지가 강물을 뒤집어쓰고 색깔과 수분이 빠졌는데, 그 가지를 절였다는 것이 페초라즈케의 발상설이다. 통째로 베어먹는 것이 현지 스타일이며, 겉모습에서 예측할 수 없는 고추의 매운맛에 깜짝 놀랐다!

야마가타 | 국화 채소 절임 반기쿠 晩菊
미쓰오쿠야三奥屋

1948년 창업한 미쓰오쿠야에서 탄생한 쓰케모노. 야마가타의 가을을 대표하는 식용 국화, 야마가타 특유의 쓰케모노 채소인 야마가타 세이사이山形青菜(배추와 비슷한 채소로 아삭하고 매콤한 맛), 무, 오이, 가지, 양하, 고사리 등을 각각 재료별로 소금에 절여 1년 동안 숙성시킨다. 야마가타를 마음껏 맛볼 수 있는 쓰케모노 '반기쿠(늦게 피는 국화)'가 꽃을 피운다.

야마가타의 다양한 쓰케모노

야마가타 반찬의 주인공은 쓰케모노! 오미近江(현재 시가현) 상인이 가르친 '오미즈케おうみ漬'에서 유래했다고도 하는 '오미즈케おみ漬'를 비롯해 야마가타 특유의 맛이 많다.

**닛코 전통의 깊은 맛
대표적인 인기 수제 유바!**

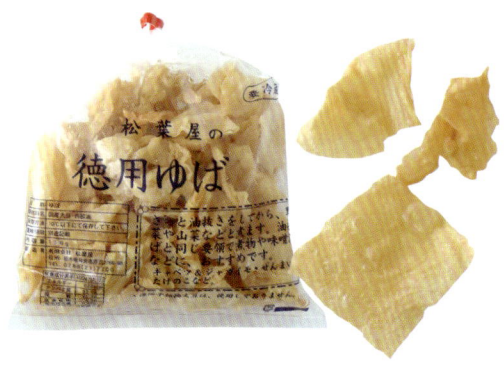

`도치기` **두부피 튀김** 닛코유바 日光ゆば
　　　　　　　　　　　도쿠요유바 徳用ゆば

마쓰바야 松葉屋

섬세한 교토의 유바(두부피)와 달리 겹겹이 말아서 둥글게 썰어 기름에 튀긴 '닛코유바'는 닭고기처럼 담백한 맛이 일품이다. 교토로부터 절의 도시 닛코로 전해져 가정에서는 정초 등에 사용되어온 식재료이다. 메이지 시대 초기에 창업한 마쓰바야의 인기 상품은 닛코유바의 제조 과정에서 나오는 조각을 튀긴 '도쿠요유바'이다. 미소시루나 조림에 그대로 넣으면 간편하게 감칠맛을 낼 수 있다.

간편하게 먹을 수 있는 아지쓰케유바味付ゆば와 사시미유바さしみゆば

두부피 조림 & 두부피 사시미
아지쓰케유바니味付ゆば煮 & 유바사시湯波さし

(도치기)

닛코유바 조림(유바니)은 여러 겹의 볼륨감과 유바에서 우러나는 국물 맛이 매력적이다. 하지만 기름을 빼는 등 직접 만드는 것은 쉽지 않다. 바쁜 사람들을 위해 닛코식품에서 만든 것이 완전조리되어 먹기 좋은 사이즈로 만든 '아지즈케유바니'. 보통은 유통기한이 짧은 '유바사시'도 이 제품이라면 90일이다!

달나라 토끼가 반죽했다?
'곤약 미소 오뎅'

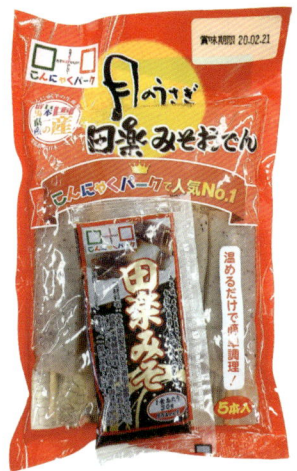

전국의 구약감자 생산량의 90% 이상을 차지하는 군마현의 명물은 '곤약 미소 오뎅'이다. '곤약 파크'로 유명한 요코오데일리푸드의 '덴가쿠 미소 오뎅'은 현지인이 좋아하는 '비법 미소'가 들어가 있으며, 미소가 잘 묻게 하기 위해 잘게 칼집을 낸 곤약에 둥근 꼬치를 사용하는 등 세심한 배려가 돋보인다. 급히 찾아온 손님이나 아이들 간식으로 성공 보장 메뉴이다.

군마

곤약 미소 오뎅 쓰키노우사기 덴가쿠미소오뎅
月のうさぎ 田楽みそおでん

요코오데일리푸드ヨコオデイリーフーズ

밥에도 안주에도!
지치부에서 자란 쓰케모노

사이타마

샤쿠시나 절임 샤쿠시나즈케
しゃくしな漬

이시카와즈케모노石川漬物

각 가정에서 절여 먹던 '샤쿠시나(청경채와 비슷한 유채과 식물)즈케'를 1966년부터 제조하기 시작한 이시카와즈케모노. 절인 채소는 잎 모양이 '밥주걱(메시샤쿠시)飯じゃくし'와 닮았다고 해서 지치부秩父 지방에서는 '샤쿠시나'라고 불리는 채소다. 자연적인 젖산 발효로 풍미가 더해지는 것이 저장식의 장점이며, 기름에 볶으면 또 다른 반찬이 된다.

늦가을, 크게 자란 샤쿠시나를 수확해 햇볕에 말린다. 전통방식으로 절여 발효를 기다린다.

나리타의 기념품으로도 유명한 아삭한 식감의 시로우리 쓰케모노!

  월과 절임 뎃포즈케 鉄砲漬
고세키상점 古関商店

'뎃포즈케'의 발상지로 알려진 지바현 나리타成田시. 유래 중 하나는 '시로우리白瓜(호박과 비슷하게 생겼으나 참외의 일종으로 '월과'라고도 한다)를 총포(뎃포)에, 그 안에 넣은 고추를 총알에 비유한 것'이라는 설이 있다. 또 다른 하나는 '총에 맞은 것 같은 간장의 짠맛에서 유래'라는 설도 있다. 나리타산신쇼지成田山新勝寺 경내에서 60년 전부터 쓰케모노 가게를 시작한 고세키상점의 간장 맛은 단맛이 강해서, 총의 충격은 부드러운 편이다.

나가오카시 도치오의 명물이라면 호쾌한 사이즈의 '도치오 유부'

통유부 도치오아부라아게 とちお油揚げ
고바야시소혼포 小林総本舗

니가타현 나가오카長岡시 도치오栃尾 주변에서 많은 가게에서 만드는 '아부라아게(유부)'는 길이 약 20cm, 두께 3cm 정도로 큼직하다. 기름을 빼기 위해 꼬치를 꿰었던 구멍이 있는 것도 특징이다. 에도시대에 지역 아키바신사秋葉神社의 기념품으로 탄생한 후 바로 바쿠로噢(말 매매의 중개인)들이 술안주로 손으로 움켜쥐고 호쾌하게 먹기 시작하면서 더욱 크기가 커졌다는 설이 전해진다.

정사각 통유부 <small>다니구치야노, 오아게
谷口屋の、おあげ</small>

다니구치야谷口屋

전국의 슈퍼에서도 구입할 수 있을 정도로 전국구 상품이 된 다니구치야의 유부. 큰 사각형에 두께가 있어 언뜻 보기에는 '두꺼운 튀김'으로 보이지만, 먹으면 고소한 껍질과 탱글탱글한 육즙이 느껴진다. 후쿠이현 다케다竹田에서 1925년에 창업한 노포 두부 가게에서 100년 동안 대대로 이어져왔다. 예전부터 현지인에게 '다케다의 유부'라고도 불린다.

가로세로 약 14cm, 두께 3cm! 다케다의 정사각형 유부

전통적인 콩 저장식품 두부나 유부와 함께 먹는다

콩 요리에서 중요한 것은 콩을 물에 불리는 일로, 전날부터 준비해야 한다. 이 시간을 생략할 수 있는 우치마메는 선조들의 획기적인 지혜다.

후쿠이현의 향토음식 '우치마메打豆'는 물에 담가 부드럽게 만든 콩을 맷돌이나 나무망치 등으로 으깨어 말린 것. 각 가정에서 만드는 저장식이었지만, 현재는 '다카하시노우치마메'를 구입하는 사람이 대부분이다. 으깼기 때문에 콩답지 않게 단시간에 조리할 수 있어 지금도 인기 있는 식재료이다. 물에 넣고 10~15분 가열한 후, 미소로 간을 하면 콩국물이 더해진 미소시루가 완성된다.

으깬 콩 <small>다카하시노 우치마메
たかはしの打豆</small>

다카하시제분소高橋製粉所

**엄선된 미소 양념장을 곁들여
기분은 그야말로 가이세키 요리!**

후쿠이에서 유명한 곳 중 하나로 음식 문화에 큰 영향을 끼치고 있는 선종 사찰 에이헤이지永平寺를 들 수 있다. 선종에서는 요리하는 것도 수행이라고 생각하며, 손이 많이 가는 고마도후(참깨 두부)를 만드는 것은 먹는 사람에 대한 환영의 표현이라고도 한다. 또한 영봉靈峰(신령스러운 산) 하쿠산白山의 복류수도 빼놓을 수 없다.

후쿠이

참깨 두부 / 호두 참깨 두부
가이세키고마토후 懐石胡麻どうふ(백백·금금·흑흑)/
구루미고마토후 くるみ胡麻どうふ

후지야식품ふじや食品

지역 슈퍼의 에치젠안越前庵 가이세키 시리즈는 에이헤이지에서 애용하는 고메고노미소米五の味噌를 사용하고, 긴고마金胡麻(금참깨)와 유자가 함유된, 미소 소스를 곁들인 가이세키 요리다. 스테디셀러인 '가이세키고마도후'의 백白·금金·흑黑(흰참깨·금참깨·검은참깨) 3종 외에도 디저트로도 즐길 수 있는 '구루미고마도후(호두 참깨 두부)' 등 아마미차야甘味茶屋 시리즈의 신상품을 기대하는 팬들도 많은 것 같다.

**옛날 방식 그대로의
제조법으로 전통의 맛을 지키다**

1888년, 에이헤이지 주변 마을에서 두부 가게로 창업한 단스케. 쇼와시대에 들어서면서 에이헤이지의 수행승에게 고마도후 제조법을 배워 만들기 시작했다. 간판 상품은 '고마도후' 백白·금金·흑黑(흰참깨·금참깨·검은참깨) 3종이다. 참깨, 갈분, 물, 이 세 가지 원료만 사용하기 때문에 엄선된 재료로 정성을 들여 전통의 맛을 지켜 나가고 있다.

후쿠이 | **참깨 두부** 고마도후
ごまどうふ

단스케團助

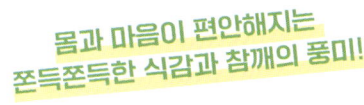

 참깨 두부 에이헤이지 사치야노고마도후
永平寺 幸家のごまどうふ

고신식품 幸伸食品

사찰음식의 본고장 에이헤이지 기슭에 위치한 두부 창작 요리점 사치야幸家. 지하 100m에서 끌어올린 하쿠산 복류수와 최상급 요시노혼쿠즈吉野本葛(요시노 지방의 100% 갈분), 독자적인 블렌드 반죽으로 만든 고마도후는 풍미가 풍부하고 쫀득쫀득하다. 가게에서 평판이 좋은 맛을 집에서도 즐길 수 있도록 팩으로 판매한다. '에이헤이지 마음이 편안해지는 젠토후禅どうふ(선두부)'라는 포장의 글귀에 마음도 치유된다.

 두부 같은 유부 튀김 에이헤이지아게
永平寺あげ

야마기시ヤマギシ

아쓰아게厚揚げ(두툼한 두부 튀김)인지 아부라아게인지, 후쿠이 특유의 유부 카테고리가 복잡하다. 브랜드 '에이헤이지아게'는 '에이헤이지 나카아게永平寺中あげ' '에이헤이지 우스아게永平寺うすあげ' 등 다양한 두께로 세분화하여 세심하게 대응하고 있다. 후쿠이현산 콩, 에치젠의 바닷물에서 추출한 간수, 하쿠산의 지하수를 사용하는 등 현지 원료를 사용한 유부의 속은 거의 두부 상태로 수분 함량이 놀랍다!

적당한 신맛과 향신료의 향 밥이 술술 넘어간다!

 기후

순무 채소 절임 메시도로보즈케 / めしどろぼ漬

우라타 うら田

너무 맛있어서 밥을 통째로 도둑맞은 듯한 패키지가 독특한 '메시도로보즈케(밥도둑 절임)'. (어쩌면) 범죄를 조장하는 그 맛은 히다의 전통적인 붉은 순무 쓰케모노를 잘게 썰어 무, 노자와나, 오이, 차조기, 생강 등과 함께 만든 우라타의 오리지널 제품이다. 새콤하고 매콤한 맛으로 밥이 술술 넘어간다. 오차즈케나 뜨거운 밥에 곁들이거나 차한 チャーハン(중국식 볶음밥)에 곁들여 먹어도 좋다.

아삭아삭한 식감! 아카즈이키 초절임

 후쿠이

붉은 토란대 절임 스코 / すこ

가미쇼농산가공 上庄農産加工

야쓰가시라 八つ頭(토란의 일종)의 붉은 줄기인 '아카즈이키 赤ずいき'를 스즈케酢漬け(초절임)로 만들어 색을 더욱 선명하게 하는 후쿠이현 특유의 식재료. 정토진종 浄土真宗이 전파된 지역의 행사 호온코 報恩講(기일에 여는 법회)에서 제공되는 사찰음식에 빠질 수 없는 식재료가 바로 '스코'다. 아삭아삭하고 새콤달콤한 맛이 입맛을 돋운다. 스코라고 하면 힘이 없어 보이지만, 기운을 북돋아주는 성분을 많이 함유한 자양강장 식품이다.

붉은 순무 소금 절임은 히다의 전통 쓰케모노

| 가후 | **붉은 순무 절임** 아카카부라즈케 赤かぶら漬 |

우라타 うら田

슈퍼에 히다의 붉은 순무가 가득 쌓이는 11월, 히다의 전통 쓰케모노인 '아카카부라즈케'를 집에서 담그는 사람들이 바쁘게 움직인다. 소금으로만 절여서 겨우내 유산균 발효로 인한 자연적인 신맛이 특징이다. 색은 자연스럽게 안쪽의 흰 부분도 붉은색으로 물들면서 숙성된다. 손이 많이 가기 때문에 잎이 있는 제품은 적지만, 사실 잎이 더 맛있다는 것이 우라타 사장의 귀띔이다.

씻은 붉은 순무를 소금물을 넣은 통에 틈새 없이 깔고 소금을 뿌린 후 누름돌로 눌러서 숙성시킨다. 추위가 쓰케모노를 맛있게 만든다.

기소 지방의 전통식 붉은 순무 잎 쓰케모노

| 나가노 | **순무 잎 무염 절임** 슨키 すんき |

기소코마슌사이공방 木曽駒旬彩工房

'슨키'는 붉은 순무 잎에 소금을 전혀 사용하지 않고 '슨키 씨種'를 넣어 젖산 발효시킨 무염 쓰케모노다. 소금이 귀했던 기소 지역의 각 가정에서 만들어온 발효식품으로 '슨키즈케すんき漬け'라고도 불린다. 사먹는 사람도 많지만, 옛날처럼 직접 만든 것을 서로 교환하는 문화도 여전히 남아 있다.

히다의 일상 반찬
폭신폭신 두툼한 양념 유부

유부 간장 절임 　아게즈케
あげづけ
기후

후루카와야 古川屋

삼각형 모양의 유부에 깔끔한 간장 맛이 부드럽게 스며들어 매일 먹어도 질리지 않는 맛의 '아게즈케'. 다카야마高山 시 중심부에서 두부 등을 제조하는 후루카와야의 사장이 게로下呂 지역에서 옛날부터 유부를 조미료에 담가 보존해온 '아게즈케'에서 힌트를 얻어 약 40년 전에 개발한 것으로, 지금은 현지에 정착했다. 살짝 구워 먹으면 갓 튀긴 맛이 난다.

10여 년 전 TV에 소개된 후 휴식기를 가진 후루카와야 공장이 풀가동 중이다. 공정의 일부는 비공개.

탄력 있는 식감과 양념!
히다 지방 특유의 '식초'가 들어간 두부

양념 두부 　고모토후 (아지쓰키)
こもとうふ (味付き)
기후

후루카와야 古川屋

히다에서는 명절에 두부조림은 빼놓을 수 없는 향토의 맛이다. 짚을 엮어 만든 '고모こも'로 두부를 싸서 끓인 것이 '고모토후'로 각 업체에서 판매되고 있다. 공장에서는 위생적으로 발처럼 엮은 것으로 두부를 말아서 두부의 수분을 제거해 탄력을 높이며, 무수히 많은 기포를 만들어낸다. 기포에 맛이 스며들기 때문에 조려서 먹는 것이 가장 좋다. 바쁜 현대인에게는 아지쓰키(양념이 된 것) 제품이 편리하다.

돔 모양의 두부 안에 노란 겨자가 가득!

 기후

겨자 두부 가라시토후
からしとうふ

후루카와야 古川屋

모르고 먹으면 대참사. 알고 먹어도 배분을 잘못하면 낭패를 보는 것이 기후현의 여름 별미 '가라시토후'이다. 발상지는 주노中濃(기후현 중남부)·세이노西濃(기후현 서남부) 지방이라고도 하지만, 히다에서도 50여 년 전부터 단골 메뉴로 자리 잡았다. 그릇 모양의 두부 안에 듬뿍 든 겨자에 간장을 뿌리고, 간장에 겨자를 녹이면서 톡 쏘는 자극을 즐기는 것은 여름에 어울리는 맛이다.

기후의 두부 & 유부

기후현은 80%가 산지다. 특히 폭설 지대인 북부에서는 비축해둘 수 있는 콩으로 만든 두부와 유부가 중요한 영양 공급원이었던 시대가 오랫동안 이어져왔고, 산의 혜택을 받아 맑은 물을 원료로 한 맛있는 두부가 명물이 되었다. 유부는 삼각형이 기본이며, 둥근 냄비에 튀길 때 가장 효율적인 모양으로 알려져 있다.

야하타의 붉은 곤약
통칭 "아카콘"

붉은 곤약 하치만아카콘나쿠 八幡赤こんにゃく   시가

노리마쓰식품 요시이상점 乃利松食品 吉井商店

오미하치만近江八幡시의 히나타하치만궁日向八幡宮의 '사기초左義長 마쓰리(축제)'에서 노부나가信長가 붉은색 장옷을 입고 춤을 췄다고 한다. 이후 400년 동안 곤약은 붉은색이었다. 노리마쓰식품 요시이상점에 따르면, 색의 근원은 삼이산화철로, 예로부터 일본에서 벤가라ベンガラ라고 불리는 식용 가능한 착색제이다. "다른 지역에 가서야 일반적인 회색 곤약을 처음 알았다"라고 말하는 이 도시 출신도 있다.

토란대 절임 구키즈케 くき漬
(미에)

토토로가 주는 잎사귀 기념품?

언뜻 보면 '토토로가 주는 잎사귀 선물'인 것 같지만, 사실은 미에현 오와세尾鷲시의 여름 별미 '구키즈케'이다. '즈이키즈いき'라고 불리는 토란의 줄기를 소금에 절인 후, 붉은색 시소즈케しそ漬け(차조기 절임)에 넣는다. 먹는 방법은 구키즈케를 씻고 껍질을 벗긴 후 잘게 썰어서 지역 특산품인 가다랑어의 나마리부시節(찐 다음 한 번만 훈제한 것)와 함께 무쳐 먹는다.

두툼하고 바삭한 식감! 약 28cm의 긴 사이즈!

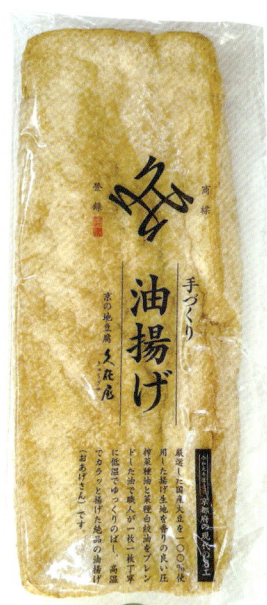

교토

수제 유부 데즈쿠리아부라아게
手づくり油揚げ

규자야 久在屋

교토시 우쿄右京구에 있는 커다란 유부 모양 간판이 눈에 띄는 두부 가게 규자야. 말 그대로 간판 상품이 약 28cm 길이의 '데즈쿠리아부라아게(수제 유부)'이다. 엄선된 국산 콩 100%로 만든 튀김용 두부 반죽을 향기로운 2종의 유채기름으로 장인이 정성스럽게 튀겨낸다. 기름을 빼지 않아도 되고, 노릇노릇하게 구운 후 생강간장이나 소금을 뿌려 먹으면 된다.

담백하고 특별한 풍미의 쓰케모노

물가지 절임 미즈나스노쓰케모노
水なすの漬物

(오사카)

간토 지방에서 오이 누카즈케가 맛있을 무렵, 간사이에서는 '미즈나스(물가지)' 쓰케모노의 계절을 맞이한다. 미즈나스는 오사카 센슈泉州 지방(오사카부 남서부)이 명산지로, 수분이 많고 부드러우며 아린 맛이 적고 특유의 단맛이 있어 생으로도 먹을 수 있다. 미즈나스로 만든 아사즈케浅漬け(짧은 시간 절임)와 누카즈케는 일품이며, 자르지 않고 손으로 찢어 먹으면 식감도 좋다.

참깨 두부 고야산고마토후
高野山ごまとうふ

와카야마

히지리식품聖食品

부드럽고 진한 맛
고야산 제조법의 '고마토후'

원료로 참깨 페이스트를 사용할 때보다 약 2배의 참깨가 필요한 '고야산 제조법'으로 참깨의 추출물을 짜낸 참깨기름을 사용했다. 참깨의 섬유질이 없고 부드러운 식감이 특징이다. 와카야마에서 창업하여 현재는 오사카에서 전국에 고야산의 맛을 전하고 있다.

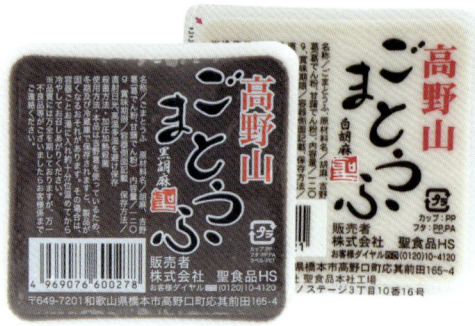

새로운 '네지리이토콘 (꼰 곤약)' 발표 (핫표) 합니다 !

뭉친 실곤약 곤냐쿠핫표
こんにゃく発表

나라

와카쿠사식품若草食品

나라현 와카쿠사식품의 히트작, 뭉친 이토콘냐쿠(실곤약)糸こんにゃく을 한 입 크기로 자른 '발명품'으로, 조림 국물이 스며들어 쫄깃쫄깃해지는 이상적인 형태. 신기한 상품명 '곤냐쿠핫표 (곤약 발표)'는 '곤야쿠핫표(약혼 발표)'의 말장난이라고 한다. 요즘은 약혼 발표 없이도 '속도위반 결혼'을 하는 시대. 다음 신상품은 혹시… '속도위반 곤약'?

알배기 곤약 고모치콘냐쿠
子持ちこんにゃく

히로시마

후지토시식품藤利食品

곤약에 어란을 넣어 반죽한
진귀한 맛이 여기서 탄생!

히로시마 유키湯来온천에서 여관의 주방장으로 활약하던 후지토시식품의 선대 사장이 명물인 사시미 곤약을 더욱 발전시키던 중 발견한 곤약과 어란의 조합인 '고모치콘냐쿠(알을 밴 곤약)'. 탱탱하면서 톡톡 터지는 기적의 조화가 탄생했다. 어란은 식감이 좋은 시샤모(일본 특산 바다빙어과) 알을 사용하고 있다.

밧줄로 묶은 커다란 두부 한 조각?
떡을 넣지 않은 떡국의 주인공!

옛날에는 밧줄로 묶어 산길을 운반할 정도로 튼튼했다는 도쿠시마현 이야祖谷 지방의 두부 '이야도후'. 재료에 미소 양념을 발라 구워 먹는 향토요리 '데코마와시でこまわし' 외에도, 정초에 먹는 조니雜煮(일본식 떡국)에는 두부가 필수 아이템. 조니 그릇의 뚜껑이 닫히지 않을 정도로 두부를 겹겹이 쌓아 올리기 때문에 이 정도의 크기가 필요한 것일지도 모른다.

이야 두부 이야도후 祖谷どうふ

 도쿠시마

요시다두부점吉田豆腐店,
구리에다두부곤약점栗枝豆腐こんにゃく店

일반 두부 한 모의 약 3배인 876g!
도시에 혼자 사는 사람이라면 감당할 수 없는 양이다.

사누키讚岐 지방의 향토요리
식탁에서 빼놓을 수 없는 일품

가가와

말린 콩 절임 쇼유마메 しょうゆ豆

오니시식품大西食品

삶은 콩이 아니라는 사실을 모르는 사람이 너무 많은 '쇼유마메(간장 콩)'. '말린 콩을 볶은 후 단맛이 나는 양념에 절인 것'이기 때문에 껍질은 바삭하고 속은 부드럽고 달콤한 것이 특징이다. 각 제조업체의 맛을 비교해보는 것도 재미있을 것 같다. 겨울에 밀밭 틈새에서 재배한 누에콩을 이용한 저장식이었다.

바삭바삭하고 폭신폭신 바삭폭신한 느낌도 즐겁다!

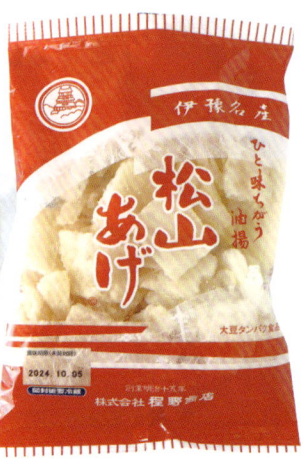

에도시대에 있었다고 전해지는 '말린 유부'를 '마쓰야마아게'로 만든 것은 1882년에 창업한 호도노상점이다. 일반적인 제조법과는 달리 두부를 3mm 두께로 잘라 압축, 탈수한 후 튀겨서 만든다. 상온 보존 90일(일반 유부는 냉장 보관으로 7일 정도로), 그대로 먹으면 바삭바삭하고 수분이 더해지면 폭신폭신한 식감이다. 기름을 빼지 않아도 되는 등 편리하고 맛있는 유부다.

에히메

얇은 두부 튀김 마쓰야마아게
松山あげ

호도노상점程野商店

콩 본연의 깊은 감칠맛 이것이 마보로시의 맛!

사가

두부 튀김 마보로시노아쓰아게
まぼろしの厚揚

미하라두부점三原豆腐店

음식점 미하라두부점에서 판매해 명물이 된 메뉴 '마보로시노아쓰아게'. 사가현 가시마鹿島시에서 나는 콩 후쿠유타카ふくゆたか를 사용해 겉은 고소하고 속은 콩의 감칠맛과 단맛이 느껴져 그대로 먹어도 맛있는 아쓰아게다. 현재는 이 가게를 운영하는 미하라식품의 본거지인 사가현 내에서는 물론 규슈 지역의 슈퍼와 전문 소매점에서도 판매되고 있다.

마보로시노아쓰아게의 맛을 더욱 돋보이게 하는 전용 '다시 간장'은 숨은 명물로 현지 팬이 많다.

식감의 이미지를 상품명으로! 디저트 같은 '고도후'

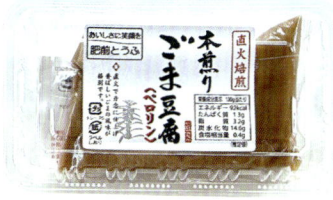

사가

달콤한 참깨 양념 두부
고도후(푸루린)
呉どうふ(プルリン)

히젠토후肥前とうふ

중국 오吳 나라에서 전래되었다는 설, 콩을 물에 담갔다가 갈아낸 '고吳'가 어원이라는 설 등 유래에 대한 여러 설이 있는 사가의 향토요리 '고도후'. 두유를 전분으로 굳힌 것으로, 보통은 참깨간장에 찍어 먹지만, 히젠토후에는 달콤한 참깨 양념을 곁들여 반찬과 디저트의 중간을 유지한다. '푸루린'과 마찬가지로 식감의 이미지를 상품명으로 삼은 고마토후 '페로린ペロリン'도 인기다.

 나가사키

참깨 두부
고마토후
胡麻とうふ

호모토고마토후점法本胡麻豆腐店

참깨의 풍미와 향을 만끽 깊은 맛이 넘쳐흐르네

'나가사키 고마토후'는 달콤하고 고소한 것이 특징이다. 단맛이 나는 것은 에도시대에 나가사키가 쇼군将軍 직할 영지여서 당시 귀했던 설탕을 사용했기 때문이고, 고소한 것은 참깨를 진하게 볶아 갈색으로 마무리하기 때문이다. 사세보佐世保의 호모토고마토후점에서는 자체적으로 볶은 참깨를 맷돌로 정성껏 갈아 만든 부드러운 페이스트를 사용하여 나가사키 특유의 전통적인 고마토후를 만들어내고 있다.

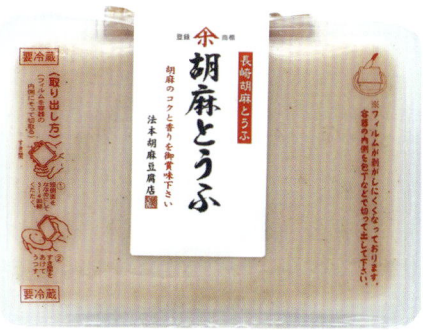

달달한 고마토후에 더욱 진하고 달콤한 참깨 양념이 곁들여진, 그야말로 디저트 같은 느낌이다.

헤이케의 낙인 저장식품!? 패잔 무사의 마을에 전해지는 맛

헤이케平家의 낙인落人(겐페이전쟁에서 패한 헤이케의 생존자)의 은신처였다는 전설이 남아 있는 구마모토현 남부의 히토요시쿠마人吉球磨 미즈카미무라水上村에서 800년 동안 이어져 내려온 저장식품이 '도후노미소즈케'이다. 다케우치에서는 전통의 맛을 1975년에 상품화했다. 단단하게 만든 두부를 구워 특제 미소에 담가 숙성시킨다. 맛도 식감도 하드 타입 치즈와 같아서 와인과도 잘 어울린다.

구마모토

두부 미소 절임 도후노미소즈케 とうふのみそ漬
다케우치たけうち

마치 '성게'처럼 크리미한 식감!

 구마모토

성게 식감 두부 야마우니토후 山うにとうふ
이쓰키야혼포五木屋本舗

위의 '도후노미소즈케'에서 소개한 미즈카미무라와 같은 헤이케의 은거지 이쓰키무라五木村에서 저장식 '도후노미소즈케'를 현대적으로 재해석한 이쓰키야혼포의 '야마우니토후'. 가와베川辺강의 복류수와 규슈산 콩으로 만든 두부를 비법 미소에 반 년 동안 담가 발효 숙성시키면 산(야마)에서 성게(우니)가 탄생한다.

맛깔스러운 간소아게

구마모토현 난칸마치의 특산품

 상온 보관 유부 난칸아게
南関あげ
마루킨식품 マルキン食品

구마모토현 난칸마치南関町에서 전해 내려오는 유부 '난칸아게'는 현재 여러 회사에서 제조하고 있다. '상온 보존으로 90일, 처음에는 바삭바삭하고 수분이 더해지면 폭신폭신한 식감'이라는 점은 '마쓰야마아게'(96쪽)에서 설명한 내용과 거의 같다. 에도시대에 일어난 '시마바라島原의 난' 이후, 인구가 줄어든 시마바라로 이주한 이요마쓰야마伊予松山 주민들로부터 마쓰야마아게의 제조법이 전해진 난칸마치. 부흥의 역사가 여기에 있다.

땅콩으로 만드는 오키나와의 땅콩 두부(지마미도후 ジーマーミ豆腐)

'지마메地豆(땅콩)'가 어원인 지마미 ジーマーミ는 오키나와에서 땅콩을 말한다. 고마토후의 제조법이나 식감과 비슷하게 땅콩을 짜낸 즙에 전분 등을 넣어 쫄깃쫄깃하게 만든다. 류큐 왕조 시대부터 전해 내려오는 영양가 높은 귀중한 식재료로, 명절 음식이었지만 지금은 일상적으로 슈퍼나 편의점에서 쉽게 구할 수 있다. 간장 베이스의 달콤한 양념이 남국을 느끼게 한다.

칼럼 ④

신선식품 반찬 채소鶏ちゃん

아오모리
긴 콩나물 나가모야시(네부타다이즈모야시) 長もやし(ねぶた大豆もやし)

아오모리에서는 '모야싯코もやしっ子(숙주나 콩나물 같은 아이라는 뜻으로 마르고 키만 큰 아이를 낮춰 부르는 말)'의 의미가 다를 수도? 40cm나 되는 '오와니大鰐온천 모야시(콩나물)'가 유명하기 때문에 긴 콩나물이 인기다.

미야기
뿌리 달린 미나리 네즈키세리 根付きせり

미야기현에서 '세리나베せり鍋 (미나리 냄비요리)'를 처음 먹어본 사람이라면 누구나 "뿌리가 있어요?" 하며 놀란다. 뿌리가 가장 향이 풍부해서 가장 맛있게 먹을 수 있다.

아키타 야마가타
식용국화 쇼쿠요기쿠 食用菊

아키타와 야마가타의 가을은 꽃이 만발한다. 식용국화의 본고장이다. '이렇게 아름다운 국화를 먹다니 당치 않다(못테노호카もってのほか)'에서 유래한 보라색 '못테노호카'가 맛있다. 한편, 미야기현의 여름, 채소 매장에 진열된 초록색 봉지 안에는 가공용 무화과가 들어 있다. 향토요리인 '무화과 간로니甘露煮(달게 조리는 것)'를 만드는 것이다.

미야기
무화과 이치지쿠 いちじく

슈퍼마켓에 가면 반갑게 맞아주는 형형색색의 과일과 제철 채소들. 무심코 심호흡을 하고 싶게 만드는 신선한 향기에 활력을 얻게 되는데, 사실 이것이 바로 슈퍼마켓 100년의 지혜다. 소비자에게 계절을 느끼게 하고 오감을 자극하는 과일과 채소를 진열함으로써 구매 의욕을 고취시키는 것이다. 그렇다고 절약을 위해 채소를 건너뛰고 쇼핑하는 것은 추천하지 않는다. 직접 손에 쥔 채소에서 많은 영감을 얻을 수 있기 때문이다. 구매 의욕이 높아진다는 말은 누군가가 뒤늦게 만들어낸 말일지도 모르겠다. 진위 여부를 떠나서 채소가 우리를 건강하게 만드는 현상은 시장에서 장 보던 시대나 지금이나 마찬가지인 것 같다.

기후

아이치

줄무늬 꼬투리 콩 시마사사게 縞ささげ

히다의 마술 같은 여름 채소. 짙은 보라색 반점이 특징인 '시마사사게'. 삶으면 금방 얼룩이 사라지고 아름다운 녹색으로 변한다. 부드러운 강낭콩은 일본식 요리, 샐러드 등 어떤 요리에도 잘 어울린다.

가지 덴구나스 天狗なす

마치 덴구天狗(붉은 얼굴, 긴 코의 괴물)의 코처럼 뭔가 튀어나온 듯한 가지가 '덴구나스'. 둥글게 썬 것을 기름에 튀겨서 달콤한 핫초미소 양념에 찍어 먹는 나스덴가쿠なす田楽는 입안에서 녹아내린다.

오사카

봄을 알리는 오사카 야오八尾시의 특산 채소. 겉모습은 우엉(고보)보다 머위와 비슷하며, 잎과 줄기, 어린 뿌리까지 모두 먹을 수 있는 1m의 대형 채소다.

우엉 아오와카고보 八尾若ごぼう

그린파파야 아오파파야 青パパイヤ

당근 시마닌진 島人参

오이 가가후토큐리 加賀太きゅうり

수세미 나베라 ナーベーラー

이시카와

오키나와

적단호박 우쓰기아카가와아마구리가보차 打木赤皮甘栗かぼちゃ

금시초 긴지소 金時草

지역별로 진화한 채소 '오키나와 섬 채소'와 '가가加賀 지방 채소(가나자와시가 인정한 15가지 전통 채소)'. 예로부터 그 지역의 토양과 물, 기후 풍토에 따라 독자적으로 변화하고 재배되어온 개성 넘치는 전통 채소들이다. 모양이 독특하고 색이 아름다우며 재료의 맛을 느낄 수 있다.

2부
간편 반찬

    병뚜껑을 열면 밥 한 그릇이 뚝딱 비워진다. 이런 '밥도둑'은 원래 그 지역의 가정에서 만들어온 상비식품이나 저장식품 등을 현지 제조업체가 상품화한 것이기도 하다. 즉, 옛날에는 수고와 시간을 들여 대대로 이어져 내려온 가장 깊은 현지의 맛이 '병조림' 카테고리에 숨어 있을 확률이 상당히 높다는 뜻이다.

    그리고 '통조림'은 현지 반찬계의 '꽃'이라고 해도 과언이 아니다. 아오모리현의 '이치고니いちご煮(성게 전복국)', 시즈오카현의 '마구로아부라즈케まぐろ油漬(참치 통조림)' 등의 명작은 집에서 먹는 것보다 현지 주민들 사이에서 선물용으로 열렬한 지지를 받고 있다. 지금은 '재해 시 비상식량'이라는 이미지가 강한 통조림이지만, 반세기 전만 해도 복숭아 통조림을 온 가족이 지켜보는 가운데 개봉하던 시절도 있었다. 이 지역의 통조림은 아직도 그 시절의 향취를 머금은 듯이 빛나고 있다.

    복고풍 패키지의 디자인까지 즐길 수 있는 아이들의 구세주 '후리카케ふりかけ'를 시작으로 학창시절 도시락의 빈자리를 채워주던 '니마메煮豆(콩 조림)', 술안주로도 좋은 '진미珍味' 등 각 시대별로 사랑받았던 향토음식을 빼놓을 수 없다.

    통조림 등을 롤링 스톡(항상 일정량의 식량을 집에 비축해두는 방법)하는 경우, 그 지역의 반찬 종류를 보관하는 것을 제안한다. 그러면 유통기한 직전 '먹어야지' 하는 의무감이 설렘으로 바뀌고, 만일의 재난 시에는 심신에 활력을 불어넣는 든든한 지원군이 되어줄 것이다.

어부의 호쾌한 요리를 향토요리 통조림으로!

성게 전복국
간소(원조) 이치고니
元祖いちご煮
아지노가쿠노야味の加久の屋

아오모리

1980년, 향토음식인 '이치고니'를 서민들의 식탁에 되살리기 위해 통조림으로 출시했다.

딸기(이치고)는 들어 있지 않으니 안심하길. 산리쿠三陸(아오모리현에서 미야기현까지의 해안지방)의 어부들이 바닷가에서 먹던 성게와 전복의 호쾌한 요리가 '이치고니'의 뿌리다. 다이쇼시대에는 요정의 품격 있는 국물요리가 되었고, 지금은 고급스러운 통조림으로 만들어졌다. '그릇에 담긴 유백색의 우시오지루潮汁(해산물로 끓이는 맑은 국물) 속에 잠기는 황금빛 성게의 모습이 아침 안개 속에 아른거리는 산딸기 같아서'라는 문학적 표현이 이치고니라는 이름의 유래다.

끈적끈적한 다시마 야사부로 쓰가루 사람들의 마음을 사로잡는

아오모리

청어알 다시마 절임
쓰가루야사부로즈케
つがる弥三郎漬
오사킨おさきん

출시된 지 약 60년이 된 '야사부로즈케'는 끈적끈적한 다시마에 무와 가즈노코数の子(청어의 어란 또는 난소)를 더한 밥도둑이다. 야사부로는 쓰가루 민요〈야사부로부시弥三郎節〉의 등장인물이다. 창업자는 긴지로金次郎이며, 초대부터 현 4대까지 100년을 이어온 주인의 이름이 모두 '오사나이 긴○○小山内金○○'으로, 대대로 '오사킨'을 지켜오고 있다.

무가 많이 들어 있는 '작은 봉지'
최상급 청어알이 들어 있는 '가인'

무 절임 쓰가루즈케코부쿠로
山うにとうふ

가마타야상점鎌田屋商店

청어알 무 절임 가인쓰가루즈케
力印つがる漬

모양 그대로 넉넉히 넣은 최상급 청어알을 맛보자. 오징어와 무가 들어 있어 언제나 익숙한 맛.

무, 가즈노코, 마른오징어, 다시마를 엄선한 간장에 절인 쓰가루의 밥반찬 '쓰가루즈케'를 맛볼 수 있다. 긴쇼쓰가루즈케, 디럭스쓰가루즈케 등 다양한 고급 버전이 있는 가운데, 무를 주재료로 한 옛날 그대로의 저렴한 버전인 '쓰가루즈케코부쿠로(작은 봉지)'는 1919년 창업한 해산물 도매상인 가마타야상점의 스테디셀러. 아오모리현 쓰가루 지방의 슈퍼에 늘 비치되어 있는 인기 상품이다.

아삭아삭 채소 씹는 맛!
겨울의 매콤한 쓰케모노

다진 채소 미소 절임 난반미소
なんばんみそ

고무라양조コムラ醸造

고무라 하면 '난반미소'를 빼놓을 수 없다. '난반'은 풋고추, '미소'는 모로미もろみ(거르지 않은 미소)를 가리키며, 아오모리현 남부 지방의 겨울철 저장식으로 먹어온 쓰케모노다. 무, 당근, 우엉, 오이, 고추, 차조기 열매를 숙성된 모로미에 재워서 발효시킨 것으로, 밥이 술술 넘어가는 아삭한 채소의 식감과 미소의 풍미가 일품이다. 단맛과 매운맛은 고추의 양에 따라 나뉘고, 순한 맛이 기본이다.

1885년 아오모리현 고노헤마치五戶町에서 창업. 초기의 고무라쇼유텐小村醬油店(사진)이 후에 고무라양조로 바뀌었다.

에도시대부터 전해 내려오는 후쿠시마의 100년 음식!

원래는 후쿠시마현 북부의 향토요리. 마른오징어와 당근을 얇게 썰어 간장에 절인 겨울 반찬 '이카닌진(오징어 당근)'은 영양가도 높아 지금도 정초에 빠질 수 없는 음식이다. 오징어의 감칠맛과 당근의 단맛이 조화를 이뤄 밥이나 사케와 함께 먹으면 좋다. 요즘은 계절에 관계없이 후쿠시마 전역에서 조리된 제품을 구입할 수 있다.

후쿠시마

오징어 당근 절임 다테노이카닌진 伊達のいか人参

기쿠코식품 菊甲食品

무병장수를 기원! 영양 만점 향토음식

'먹기 위해선 용기가 필요하다' 싶은 모습이지만, 먹으면 술지게미 향이 나는 깊은 맛이다.

술지게미 조림 시모쓰카레 しもつかれ **도치기**

오제키상점 大関商店

강판으로 간 무와 당근, 볶은 콩, 연어 머리 등 정초 음식이나 세쓰분節分(입춘 전날)의 남은 재료를 술지게미와 함께 끓여 재사용하는 음식. 차갑게 먹는 경우가 많기 때문에 차가운 요리의 뜻인 '시미쓰카루しみつかる'가 어원이라고도 한다. 하쓰우마初午(2월 첫 오후의 날로 전국 각지에서 축제가 열린다)에 이나리稲荷신사에 바치는 행사 음식이기도 하다.

옛 사냥꾼의 냄비 요리를 뼈 있는 닭고기로 재현!

1캔에 4~5인분씩 들어 있어 비상시에 대비하기 좋다. 밥과 함께 먹는 것 외에도 떡이나 면을 넣어 먹는 것도 추천.

도호쿠의 산악지대를 이동하며 전통 사냥을 하던 사냥꾼 마타기またぎ. 잡은 사냥감을 산나물이나 뿌리채소 등과 함께 냄비에 끓인 '마타기지루'이지만, 이 제품에서는 뼈까지 부드럽게 조리한 닭날개살로 대체했다. 니가타현 우오누마魚沼시에서 오랫동안 통조림 등을 제조해온 유노타니ゆのたに가 사업을 양도해 아이리스오야마 우오누마 공장에서 다른 인기 현지음식도 계속 생산하고 있다.

니가타

닭날개 채소국　마타기지루 またぎ汁
아이리스오야마 アイリスオーヤマ

가나자와의 향토요리를 통조림으로! 집에서 간편하게 즐기는 요정의 맛!

이시카와

가나자와식 조림　지부니 じぶ煮
신야 シンヤ

오카베 지부에몬岡部 治部右衛門(전국시대의 무장)의 '지부'에서 또는 '지부지부じぶじぶ' 끓인다는 말에서 유래했다는 등 여러 설이 있는 가나자와의 향토요리 '지부니'. 원래는 요정 등에서 맛볼 수 있는 오리고기나 가나자와 명물인 스다레후(대나무발로 눌러 만든 밀기울) 등의 걸쭉한 조림 요리를 통조림으로 맛볼 수 있다. 닭고기, 표고버섯, 죽순, 스다레후 등이 1인 분량으로 캔 안에서 반짝인다. 와사비를 곁들여 먹으면 집에서도 요정의 맛을 느낄 수 있다!

거북의 등딱지로 만든 비녀처럼 보기에도 아름다운 향토요리

도야마

달걀 한천묵 벳코(에비스)
べっこう(えびす)
아루비스アルビス

간장맛의 육수에 달걀을 풀어 한천으로 굳힌 도야마의 향토요리. 거북의 등딱지(벳코)처럼 생긴 것이 이름의 유래이며, '유베시ゆべし' '에비스' 등으로도 불린다. 예전에는 명절의 잔치 음식으로 큰 그릇에 담아 여러 명이 나눠 먹었지만, 이제는 동네 슈퍼의 반찬 코너에서 소량씩 구입하는 시대다.

히다규 100%!
밥에 얹어먹는 햄버그

기후

뿌려먹는 햄버그 한바구
ハンバ具ー
히다햄飛騨ハム

히다규飛騨牛(히다산 소고기)의 감칠맛이 가득 담긴 밥도둑으로, 마치 레스토랑의 햄버그와 같은 맛이다. 히다타카야마에서 유명한 히다규 스테이크 전문점 '키친 히다キッチン飛騨'의 그룹사인 히다햄의 간판 상품이다. 밥은 물론 채소와 오믈렛, 냉우동 등 다양한 메뉴도 인기가 있다.

가지 생강 미소 젠 긴잔지미소
禅 金山寺みそ
가네주식품カネジュウ食品

시즈오카

오래 사랑받아온 바로 먹는 미소

에도시대 중기부터 300년 동안 이어져온 미소·간장 양조의 가네주식품. 1950년 출시 이후 오래 사랑받아온 상품인 '젠 긴잔지미소'가 있다. 밀과 콩을 알갱이 그대로 누룩으로 만들어 발효·숙성했다. 미소를 돋보이게 하는 조연인 가지와 생강이 들어 있다. 밥이나 채소에 곁들여 보길 추천.

바삭하고 고소하다! 신슈를 대표하는 향토의 맛

'씹는 맛을 즐길 수 있도록 다리와 날개는 그대로'라는 본고장식 제조법이 조금은 불안한 마음.

요즘은 편의점에서 메뚜기 가루가 들어간 스낵을 살 수 있지만, 역시 일본의 메뚜기(이나고)는 이것이다. 신슈 하라다상점의 '이나고칸로니'. 바삭바삭하고 고소하고 달콤짭짤하게 맛을 내어 눈을 감고 먹으면 (무서워하는 사람은 꼭) 새우 간로니(조림)처럼 느껴진다. 라벨의 레트로한 곤충 그림에서 아이가 잡은 메뚜기를 어머니가 요리하던, 옛 농촌의 가을을 느낄 수 있다.

메뚜기 조림 이나고칸로니 いなご甘露煮

하라다상점原田商店

나가노

나가노

땅벌 유충 조림 하치노코 하나쿠요니 蜂の子 花九曜煮

하라다상점原田商店

산속 땅벌의 둥지를 찾아내어 한 마리 한 마리 벌의 유충을 선별한다. 간장과 설탕만을 사용하는 전통 제조법으로 만든 하나쿠요니는 영양가가 높아 예로부터 자양강장제로 이용되어 왔다. '이나고칸로니'와 '하치노코 하나쿠요니' 등 신슈의 음식을 지켜온 하라다상점은 1886년 창업 당시 하라다 가문의 가문 문장인 구요성九曜星을 도안화하여 하나쿠요니花九曜 인장으로 사랑받고 있다.

벌의 유충을 짭짤하고 달콤하게 조린 독특한 풍미!

톡톡 터지는 식감과 은은한 꿀의 향기. 밥에 섞어 먹는 '하치노코고한蜂の子ご飯'도 현지인이 추천하는 방법이다.

엄선된 날개다랑어를 양질의 기름에 절인 캔

유이통조림공장의 '마구로아부라즈케(참치 기름 절임)'와 '마구로후레쿠아부라즈케(참치 플레이크 기름 절임)'는 기름기가 많은 초여름에 일본 근해에서 잡힌 고급 원료인 날개다랑어만을 사용한다. 전통적인 면실유(목화씨 기름)에 절인 통조림은 기름까지 맛있어서 현지인은 밥에 이 기름과 간장을 뿌려 먹는 것을 추천한다. 원료의 차이에 따라 맛이 달라진다는 것을 아는 시즈오카에서는 이 고급 통조림을 선물용으로 구매한다.

참치 통조림 마구로아부라즈케 まぐろ油漬 / 마구로후레쿠아부라즈케 まぐろフレーク油漬

유이통조림공장 由比缶詰所 시즈오카

유이통조림공장의 역사

1948년 유이에서 설립. 약 40년 전부터 자사 브랜드 '화이트 십 White Ship 마크'로 '마구로아부라즈케'를 제조하기 시작했다.

와사비 김 와사비노리 わさびのり 시즈오카

다무라식품 タムラ食品

1925년 창업, 이즈이후의 와사비즈케 전통을 자랑하는 다무라식품. 술지게미로 만든 와사비즈케를 싫어하는 사람도 먹을 수 있는, 밥과 어울리는 부드러운 와사비 맛의 반찬 '와사비노리'. 와사비는 주로 시즈오카현 이즈산을, 김은 미에현 이세시마 伊勢志摩산 파래김을 사용해 향긋하고 상큼하다.

와사비의 은은한 자극 파래 김의 고소함

집에서도 쉽게 재현할 수 있다!
시즈오카의 소울 오무스비

후리카케
간소(원조) 다누키무스비노모토
元祖たぬきむすびの素

덴진야 天神屋

 시즈오카

다누키무스비를 손에 들고 미소 짓는 야구 소년. 복고풍 캐릭터도 포장지에 부활!

시즈오카현 내에 31개 매장을 운영하고 있는 덴진야는 시즈오카 오뎅과 오무스비(오니기리, 주먹밥), 도시락 테이크아웃 전문점. 창업 당시 덴카스(튀김 부스러기), 파, 간장을 밥에 섞은 '마카나이메시まかない飯(직원용 밥)'가 '다누키무스비'로 간판 상품이 되었다. 오랫동안 사랑받아온 다누키무스비를 집에서 즐길 수 있는 후리카케 '간소 다누키무스비노모토'를 출시. 간편하게 덴진야의 맛을 재현할 수 있다.

덴진야의 역사

히나닌교雛人形(제단에 올리는 인형) 가게였던 70년 전, 직원용으로 만들던 오무스비가 입소문을 타면서 판매하기 시작한 것이 시작이었다. 그러다 우동 등을 파는 외식업에서 지금의 업태로 바뀌었다. 지금은 가게 전체 메뉴가 소울푸드다.

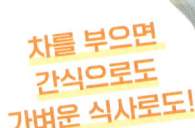
차를 부으면
간식으로도
가벼운 식사로도!

쌀과자 이나카아라레
田舎あられ

미에

미쿠니야三國屋

기본으로 먹는 방법은 '염장 다시마+센차煎茶(녹차의 한 종류)'이다. 원재료가 찹쌀이라 바삭바삭한 식감에서 쫀득쫀득한 식감이 된다.

현지에서는 '이나카아라레'를 오차즈케로 먹는 것이 정석이다. 기본은 아라레(떡을 잘라 굽거나 튀겨 만든 과자의 일종)와 소금을 그릇에 넣고 뜨거운 물을 부어 먹으면 된다. 간은 염장 다시마나 설탕으로 해도 좋고, 최근에는 시리얼 느낌으로 설탕과 우유를 넣어 먹는 사람들도 등장했다. 농업과 어업이 발달한 이세에서 바쁜 작업 중에 틈틈이 먹을 수 있는 휴대용 에너지 식품이 아라레 오차즈케였는지도 모르겠다.

소면과 지라시즈시 등
요리 도우미로도!

표고버섯 조림 하나시타케
花しいたけ

오사카

이소지만磯じまん

권두특집(22쪽)에도 등장한 간사이의 김 쓰쿠다니 '이소지만'의 회사 이소지만에는 자랑거리가 가득하다. 얇게 썬 표고버섯(시타케)을 달착지근하게 조린 '하나시타케'는 간토 지방에서는 그 쓰임새를 잘 모르지만, 간사이에서는 소면의 조연으로서 그 역할을 톡톡히 하고 있다.

독특한 이름과 맛으로 인기!
소금에 절인 다시마

잘게 썬 것이 특징. 잘게 썬 채소를 섞어 참기름을 두르면 '무한 채소'가 완성된다!

분센(22쪽)의 스테디셀러로 밥뿐만 아니라 다양한 요리에 응용할 수 있는 '시옷페'. 1961년 당시에는 사각이 주를 이루던 다시마를 먹기 좋게 잘게 썰어 '시옷페'라는 이름을 붙였다. 크기에 따라 엔젤, 골드, 점보 등 가운데 이름이 달라진다.

염장 다시마　시옷페　효고
분센ブンセン

'맴맴' 식품의 저온냉장 교자
그 이름은 '매미'

교토에서 태어나 간사이에서 사랑받은 52년 전통의 '세미교자'. 디자인도 궁금하지만, 우선 왜 식품에 매미(세미)라는 이름이 붙었을까? '여름이면 매미가 '민민(맴맴)' 울지 않습니까? 우리가 '민민'식품이니까…"라는 웃음을 자아내는 답변이 돌아왔다. 교자 외식 체인인 센트럴키친으로 창업하고 이후에 분리했다. 간사이에서는 익숙한 롱셀러.

만두　세미교자　교토
민민식품珉珉食品

난키 명물 '우쓰보'의 진미 오차즈케도 맛있다!

가늘게 자른다고 해도, 역시 '바다의 갱'이라 불리는 생선이다. 씹는 맛이 단단하다.

와카야마

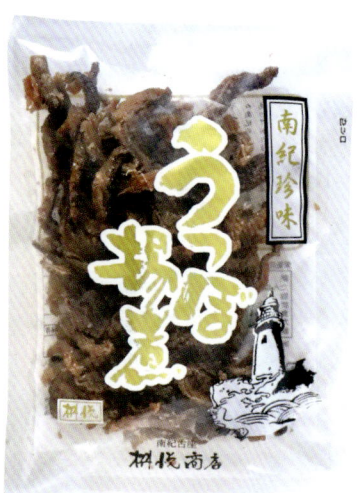

곰치 튀김 우쓰보아게니 うつぼ揚煮

마스에쓰상점枡悦商店

겉모습과는 정반대의 담백한 맛으로 영양가가 높고 자양강장에 도움이 된다고 하여 시코쿠 주변과 난키南紀(미에, 와카야마 남부)에서 먹어온 곰치(우쓰보). 와카야마의 마스에쓰상점에서는 탄력이 있는 살에 표면이 바삭하고 짭짤하고 달콤한 양념을 한 '우쓰보아게니'를 70년 동안 제조·판매하고 있다. 술안주로도 인기가 있지만, 오차즈케로 먹어도 맛있다고 현지 팬들은 말한다.

비와 호수琵琶湖에서 잡은 줄새우를 콩과 함께 끓인 향토요리

줄새우 콩 조림 에비마메니 えび豆煮

(시가)

비와 호수에서 잡히는 줄새우를 콩과 함께 달콤하게 끓인 향토요리로, 슈퍼에서도 구입할 수 있는 일상식이다. "비와 호수 '팔진八珍'이라 불리는 여덟 종류의 호수 물고기, 즉 비와마스(비와 송어), 고아유(은어), 하스(잉어), 혼모로코(민물잉어류), 니고로부나(붕어), 스지에비(줄새우), 고리(밀어), 이사자(망둥어)의 머리글자를 따서 '비와코와 혼토니 스고이(비와 호수는 정말 대단하다)'라고 한다!

여름에는 차갑게 식혀 양념장을 뿌려서, 겨울에는 오스마시(맑은 장국)의 재료로!

달걀 두부 노코란 다마고도후
濃厚卵 玉子豆腐

우스이상점 碓井商店

 와카야마

와카야마시의 달걀 구매량은 전국 4위(2021~23년 평균)로 달걀을 좋아해 여름에는 지역 여러 업체에서 제조하는 다마고도후(달걀 두부)로 두부 매장이 북적거린다. 다나베시에서 창업한 지 100년이 넘은 우스이상점의 여름 주력 상품으로 한 달에 18만 개를 생산하지만, 겨울에는 곤약으로 전환된다.

미사사칸노쿠라 대두로 한 알 한 알 통통한 낫토!

낫토 가미노쓰부
神のつぶ

JA 돗토리추오 JA 鳥取中央

 돗토리

돗토리현 미사사칸노쿠라三朝神倉 마을에서 지켜 온 토종 콩으로, 일반 콩보다 콩 이소플라본이 많이 함유된 미사사칸노쿠라다이즈(대두). 그런 귀중한 콩으로 만든 낫토 '가미노쓰부(신의 낱알)'는 통통하고 부드러운 굵은 콩알 낫토다. 낫토 애호가들이 좋아하는 일품.

그 옛날의 정겨운 수제 무첨가의 맛

 돗토리

긴잔지미소 金山寺みそ

사카타미소누룩식품 坂田味噌糀食品

돗토리현 주부中部 지역의 대표상품은 사카타미소누룩식품의 '사카타미소サカタみそ'이다. 수제 쌀누룩과 밀, 소금, 간장으로 만든 '긴잔지미소'도 사카타미소와 마찬가지로 효모균이 살아 있는 옛날 그대로의 맛이다. 수제 누룩이 빚어내는 부드러운 단맛의 '아마자케(술지게미로 만든 전통 단맛 음료)'도 인기다.

쇼와풍의 외관이 사랑스러운 사카타의 아마자케 あま酒 용기는 반찬통으로 재사용할 수 있다.

콩 다시마 조림 _{아지마메 味まめ}
가모이식품공업カモ井食品工業

'콩과 다시마 조림'하면 '오마메상おまめさん'이라는 회사가 유명하지만, 주고쿠·시코쿠 지방의 스테디셀러는 출시 후 50년이 지난 가모이식품공업의 '아지마메'이다. 냉장고 보급률이 지금처럼 높지 않던 시절, '맛과 유통기한 일본 제일'을 표어로 상온 장기 보존 식품을 다수 탄생시켰다.

콩과 다시마의 하모니 적당한 단맛으로 밥이 술술!

향수를 불러일으키는 맛! 분말 타입의 재료와 볶기만 하면 끝

치킨라이스 분말 _{치킨라이스노모토 チキンライスの素}
가모이식품공업カモ井食品工業

1968년 발매된 '치킨라이스노모토'. 에도시대 후기에 창업해 쓰쿠다니 제조가 주력이었던 가모식품공업이 개발했다. 밥과 볶으면 케첩 라이스가 되는, 당시로서는 획기적인 소스. '아지마메'와 함께 일본의 고도 경제 성장기의 식탁을 지탱했다.

성게 절임 _{쓰부우니 粒うに / 이소우니 磯うに}
나카야우니혼포中屋うに本舗

천연 성게를 사용해 생성게를 뛰어넘는 감칠맛!

'쓰부우니'는 야마구치현에서 유래한 것으로 알려진 시오우니塩ウニ(성게에 소금을 뿌려 수분을 날리고 숙성시킨 것)에 알코올과 설탕을 첨가해 보존성을 높인 병입 제품이다. 촉촉하고 선명한 성게알은 밥과 잘 어울리는 고급스러운 반찬이다. 나카야우니혼포에서는 여러 종류 중에서도 난소가 붉은색을 띠고 있는 희귀하고 고급스러운 천연 말똥성게를 고집하고 있다.

붉은색의 선명한 색감과 상큼한 향으로 인기!

1985년

1975년(초대)

예로부터 보라색을 인연의 색이라 하여 인연을 소중히 여긴다는 의미에서 '유카리ゆかり(인연)'라는 이름을 붙였고, 1975년 첫 디자인도 보라색 바탕에 검은색 글자로 시작되었다.

차조기 후리카케 유카리 ゆかり

미시마식품 三島食品

1949년 히로시마에서 후리카케 제조를 시작한 미시마식품은 1970년 나고야의 붉은 차조기 쓰케모노에 착안하여 차조기 후리카케 '유카리'를 출시했지만, '세토후미瀬戸風味' '가쓰오미린かつおみりん'의 압도적인 인기에 밀려 판매량이 저조했다. 그러나 그 후 도카이 지방의 학교 급식을 통해 가정에 그 맛이 알려지면서 '유카리'는 현재 이 회사의 간판 상품이 되었다.

후리카케 ふりかけ

2018년 무렵, "세 자매였어?"라고 SNS에서 화제가 된 '유카리'와 푸른 차조기 '가오리かおり', 매콤한 명란젓 '아카리あかり'. 그 후 '히로시ひろし'도 등장해 사람 이름 같은 네이밍으로 인기를 끌었다.

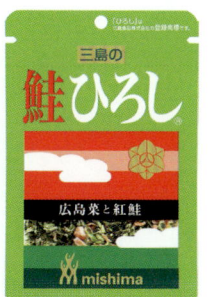

마제고한노모토
混ぜご飯の素

히로시마현 특산품인 히로시마나広島菜(배추의 일종)를 메이저로 만들고 싶다는 생각으로 상품을 개발했다. 밥에 섞어 먹으면 재료가 부풀어 올라 맛있다.

**식욕을 돋운다!
부드러운 식감 & 차조기의 향**

미역을 섞어 넣으면 미역이 불어서 맛이 배가 된다. '와카메오니기리'는 현지인의 음식.

차조기 미역 시소와카메 しそわかめ

이노우에상점井上商店

야마구치

야마구치현에서 '후리카케'라고 하면 이노우에상점의 '시소와카메'이다. 출시 초기인 1980년, 지역 밖에서는 검은 후리카케가 팔리지 않아 직원들이 밥솥을 들고 전국을 돌며 시범 판매를 했다. 우동의 사이드 메뉴는 '와카메오니기리(미역 주먹밥)'라는 지역 특산품. 봄의 향토음식 '기자미와카메きざみわかめ(잘게 썬 미역)'가 너무 맛있어 사계절 내내 먹고 싶어서 상품화한 것이다.

뜨거운 물을 부으면 톡톡 터지는 식감의 죽이 완성!

메밀쌀죽 소바마이조스이 そば米ぞうすい

(도쿠시마)

메밀? 아니면 쌀? 톡톡 터지는 식감의 정체인 '소바마이そば米'는 메밀 열매를 삶아 껍질을 벗겨 말린 것이다. 세계적으로도 메밀 열매를 그대로 먹는 것은 드문 일로, 도쿠시마의 이야祖谷에 숨어 살던 헤이케 가문의 낙향민들의 정초 음식이 '소바마이조스이(소바마이로 끓인 채소 죽)'였다. 지금도 학교 급식에 나오는 것은 물론, 동결건조 상품이 만들어지기도 하는 등 도쿠시마 전통의 친숙한 영양식이다.

껍데기째 양념한 신선한 도코부시 통조림

오분자기 조림 <small>가이쓰케나가레코 貝付流子</small>

<small>가쿠다 상점 中屋うに本舗</small>

바위 표면을 흐르는 듯이 기어 다니기 때문에 도쿠시마에서는 '나가레코流子'라고 불리는 도코부시トコブシ(오분자기). 현지에서는 시코쿠 남동부, 무로토 아난해안국립공원 내 해안에서 어획되고 있다. 외형과 식감이 전복과 비슷하게 생긴 도코부시를 껍데기째(가이쓰케)로 짭짤하고 달콤하게 끓인 상품이다. 통조림을 여는 순간은 "바로 이때다!" 싶은 특별한 자리라는 의미이기 때문에 소중히 보관하고 있다.

운치 있고 미스터리한 이름의 스키야키풍의 조림 캔

에히메현에서 전쟁 전부터 만들어진 통조림 '에돗코니'. 콩, 소고기, 시라타키しらたき(실 모양의 곤약) 등을 스키야키 스타일로 끓인 요리다. 이름의 유래를 푸는 열쇠는 숨겨진 맛의 카레 가루. 일본 최초의 가정용 카레 가루가 1930년에 도쿄에서 출시되었기 때문에, 제조사에서는 "카레가 도쿄(도쿄의 옛 이름이 에도)를 연상시킨 것이 아닐까?"라고 추측한다. 연간 7만 개 이상 오사카, 이시카와에서 판매되는 수수께끼 같은 상품.

스키야키풍 조림 <small>에돗코니 江戸ッ子煮</small>

<small>R.C. 푸드팩アール・シー・フードパック</small>

멸치가 듬뿍!
밥이 술술 넘어가는 반찬 미소

잔멸치 미소 이리코미소 いりこみそ
기노미소 ギノーみそ

에히메

에히메의 향토요리로, 세토나이瀬戸内의 대표 생선인 멸치 치어 '이리코'의 맛을 즐길 수 있는 '반찬 미소'이다. 현지 제조업체 중 하나인 기노미소에서는 에히메 특유의 단맛이 나는 무기미소에 세토나이산 지리멘ちりめん(잔멸치)과 볶은 참깨를 섞어 숙성시켰다. 밥이나 오니기리의 재료와 잘 어울린다.

고치산 생강으로
몸도 마음도 따뜻하게!

일본 제일의 생산량을 자랑하는 고치현의 생강(쇼가). 향기로운 고치현산 생강을 씹을 수 있을 정도의 크기로 잘게 썰어 간장과 쌀흑초로 절인 밥도둑이다. 잘게 다졌기 때문에 볶음 요리에도 간편하게 사용할 수 있으며, 고기나 생선 요리에 양념으로 곁들여도 좋다. 몸을 따뜻하게 하는 데 도움이 될 듯하다.

고치

만능 반찬 생강 반노오카즈쇼가 万能おかずしょうが
시코쿠켄쇼 四国健商

가다랑어와 생강의
맛있는 관계?

가다랑어 외줄낚시로 유명한 어촌 마을 구레久礼에서 탄생한, 궁합이 잘 맞는 가다랑어와 생강을 라유(고추기름)로 만든 '쇼가노코이(생강의 사랑)'. '생강이 사랑한 현지 남자, 가다랑어와의 사랑의 행방'이라는 뜻의 상품명이다. 이 '사랑'에는 불타오르는 듯한 라유의 강렬함이 있다.

고치

가다랑어 생강 고추기름 절임 쇼가노코이 しょうがの恋

기획·도쿠레몬기업조합 企画・どく久礼もん企業組合

전통 러시아 레스토랑의 비트 수프 통조림

보르시 보르시치 그란마노아지 ボルシチ グランマの味
후쿠야 ふくや

 후쿠오카

후쿠오카에 있던 러시아 요리 맛집 '툰드라ツンドラ'의 명물 수프 '보르시치ボルシチ(보르시)'를 통조림으로 맛볼 수 있다. 가게 영업 당시부터 판매되던 인기 상품을 명란젓으로 유명한 후쿠야가 계승하여 뿌리채소, 비트, 고기 등의 재료와 맛은 물론 재료를 자르는 방법 등 세세한 부분까지 신경 써서 재현했다. 통조림의 레트로한 라벨도 당시의 분위기를 전해준다.

툰드라의 역사

1960년, 아직 서양음식이 드물었던 후쿠오카시에 '툰드라'를 개업. 본고장의 맛에 매료된 많은 팬들로 북적거렸지만, 2021년 아쉬움을 뒤로하고 61년 역사의 막을 내렸다.

흑돼지 미소/흑돼지 유자 미소
구로부타미소黒豚みそ/구로부타유즈미소黒豚ゆずみそ

히라야마식품 ヒラヤマ食品

 가고시마

흑돼지의 진한 감칠맛이 깊은 맛의 미소에!

과거 아마미奄美 지방에서는 가축인 돼지 한 마리를 먹을 때 그 일부를 미소와 함께 보존했다. 돼지고기의 감칠맛과 달콤한 미소로 밥이 술술 넘어가는 부타미소豚味噌(돼지고기 미소)로, 지금은 현민의 상비식으로 자리 잡았다. 히라야마식품의 2종은 가고시마 전통 흑돼지(구로부타)를 사용해 밥이나 오니기리, 토스트와도 잘 어울리는 달콤한 맛이다.

사케 생산지 나다灘·후시미伏見의 술지게미에 절인 키조개 관자

후쿠오카

관자 술지게미 절임 아리아케즈케 가이바시라카스즈케
有明漬 貝柱粕漬

다카하시상점高橋商店

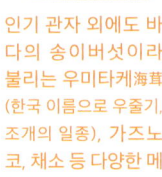

인기 관자 외에도 바다의 송이버섯이라 불리는 우미타케海茸 (한국 이름으로 우줄기, 조개의 일종), 가즈노코, 채소 등 다양한 메뉴가 준비되어 있다.

12대째 이어져 내려오는 양조업체가 1946년에 오리지널 카스즈케粕漬(술지게미에 생선, 채소 등을 절인 것)를 개발하고 전업하여 다카하시상점이 되었고, '아리아케즈케'라는 이름을 붙여 후쿠오카의 명물이 되었다. 키조개 관자(가이바시라)를 절인 '가이바시라카스즈케'는 달콤하고 부드러운 술지게미와 부드러운 관자가 조화를 이룬 대표작이다. 사실 16년 전에 등장한 액상 유자 고추 조미료 '유즈스코ゆずすこ'를 탄생시킨 것도 이 회사다.

추억 속의 소박한 맛! 전통적인 환대의 맛!

오이타

닭고기밥 재료 요시노도리메시노모토
吉野鶏めしの素

요시노식품吉野食品
(요시노 도리메시 보존회吉野鶏めし保存会)

오이타시 요시노 지역의 부녀회에서 식문화 계승을 위해 직접 만든 도리메시鶏めし(닭고기를 넣고 지은 밥) 등을 시청에서 판매한 것이 36년 전의 일이다. 당시의 '요시노 도리메시 보존회'가 현재의 요시노식품이다. 모내기로 사람들이 모이면 도리메시 오니기리를 대접한 농가의 맛을 현 밖으로 가져갈 수 있도록 개발하여 '요시노 도리메시노모토'가 탄생했다. 닭의 기름과 달콤한 간장이 포인트다.

지역 슈퍼의 반찬 코너에는 요시노 도리메시 보존회에서 갓 만든 '요시노 도리메시 오니기리'가 진열되어 있다.

미국식 반찬 오키나와 식문화 중 하나

 오키나와

콘비프 해시 / 비프스튜
콘비후핫슈 コンビーフハッシュ /
비후시추 ビーフシチュー

오키나와호메루 沖縄ホーメル

런천미트가 새로운 현지인 음식이 된 역사를 가진 오키나와에 아직도 남아 있는 미국식 반찬 통조림. 감자와 콘비프 반찬 '콘비후핫슈(콘비프 해시)'와 영어식으로 비프스튜라고 불리는 '비후시추'가 그것이다. 둘 다 원래는 미군 기지를 통해 현지화된 통조림이었지만, 최근에는 사용하기 쉬운 레토르트 타입도 등장했다.

미군기지에서 전해진 통조림 문화도 시대와 함께 변화했다. 지금은 소량의 레토르트 팩이 인기다.

오키나와에서는 참치 캔이 인기!

보통 참치 캔은 3개 세트가 보통이지만, 오키나와에서는 12개 또는 15개들이 박스 판매가 주류를 이룬다. 더운 오키나와에서 보존이 잘 되는 식재료이고, 참치 기름을 통째로 사용하는 빈도가 많아서 다들 상자를 선택한다. 선물용으로도 인기가 많기 때문에 포장지가 필요 없는 선물용 상자에 담겨 쌓여 있는 풍경도 아름답다.

레토르트 류큐 요리로
오키나와의 맛을 간편하게 즐긴다

오키나와

류큐 요리 국물 시리즈 오키하무노류큐료리시루모노
오키ハムの琉球料理汁物

오키나와햄종합식품沖縄ハム総合食品

지역색이 넘치는 오키나와의 슈퍼는 여행자에게도 매력적인 존재다. 그중에서도 '오키하무' 레토르트 상품이 진열된 진열대는 꼭 봐야 할 곳. 1982년에 설립되어 최초로 류큐 요리(오키나와 향토요리)를 레토르트 팩으로 만든 오키나와햄종합식품(통칭 오키하무). 현지 식재료를 활용한 오키나와 전통 반찬을 간편하게 맛볼 수 있는 이 시리즈는 오키나와의 식문화를 강력하게 뒷받침하고 있다.

염소 고기가 듬뿍!
독특한 맛과 냄새가 특징

염소국 야기지루
山羊汁

자양강장 효과를 기대할 수 있어 예로부터 귀하게 여겨져 온 요리다. 염소 고기를 뼈째 썰어서 부드럽게 끓여낸 진한 맛이 일품이다. 약간의 잡내도 맛의 일부분이다.

오징어와 돼지고기가 듬뿍!
깜짝 놀랄 만한 새까만 국물

오징어 먹물국 이카지루
イカ汁

오징어(이카)와 돼지고기를 가쓰오부시로 끓인 요리이다. 오징어 먹물을 넣으면 진한 맛이 나는 검은색 국물이 되어 이가 시커멓게 변하는 것을 피할 수 없다. '이카스미지루イカスミ汁(오징어 먹물 국물)'라고도 불린다.

국물요리의 스테디셀러 담백한 '나카미지루'

삼겹살국   소키지루 / ソーキ汁

돼지고기 중에서도 감칠 맛이 좋은, 뼈 있는 소키 (삼겹살)와 다시마, 무를 넣고 끓여낸다. 오키나와의 가정 요리로 진한 감칠맛이 나는 국물이다. 미소는 별첨.

돼지 곱창국   나카미지루 / 中味汁

"나카미지루는 뭐가 들어 있는 거야?" 처음 본 사람이라면 누구나 느끼는 의문. 그 대답은 돼지의 속살이라고 할 수 있는 돼지 곱창이다. 축제나 접대 자리에서 제공되는 대표적인 류큐 요리.

뼈째 푹 고아낸 돼지 다리에 채소도 듬뿍!

족발국   데비치 / てびち

오키나와다운 식재료로 독특한 식감을 자랑하는 데비치(돼지 다리). 젤라틴 질도 풍부하게 함유되어 있고 무, 당근 등의 채소도 들어간 푸짐한 상품이다. 별첨된 미소를 넣어 먹는다.

돼지 곤약국   이나무도치 / いなむどぅち

특별한 날 먹는 요리인 '이나무도치'는 '멧돼지처럼 만든 것'이라는 뜻으로, 원래는 멧돼지 고기 국물 요리였다고 한다 (여러 설이 있다). 잘게 썬 돼지고기와 곤약에 별첨된 미소로 맛을 낸다.

미니특집 ①
현지 우동·소바

여행지에서 '명물 면요리가 너무 많아서 다 먹어보지 못했다'고 느낀 적 있는지. 기후와 지형, 역사 등이 얽혀 일본 각지에서 꽃피운 면요리 문화. 쌀밥이 주식인 일본인의 식생활에서도 우동과 소바는 꽤 자주 먹는 '진정한 일본의 주식'일지도 모른다. 현지 슈퍼의 건면, 냉장면, 즉석면 등 각각의 매장을 들여다보면 그 지역이 걸어온 역사가 숨겨져 있다. 좋은 기념품도 찾을 수 있을 것 같다.

이와테
모리오카자자멘 盛岡じゃじゃ麺
도다큐 戸田久

짭짤하고 달콤한 고기 미소 양념으로 면을 먹는 중국의 자장면炸醬麵이 모리오카에서 독자적으로 변화했다. 식후에 고기 미소가 남아 있는 그릇에 날달걀과 뜨거운 물을 부은 국물 '지탄チータン'이 또 하나의 즐거움이다.

야마가타니쿠소바 山形肉そば
미우라식품 みうら食品

야마가타

맑은 간장 베이스의 닭 육수가 일품인 '야마가타니쿠소바'는 사계절 내내 차갑게 먹는 음식. 건면과 농축 국물이 들어 있다. 야마가타의 사교장인 소바집에서 탄생했으며, 닭고기를 안주로 먹는 스타일.

아오모리

아키타

나베야키우동 なべ焼うどん
다카사고식품 高砂食品

겨울의 아오모리에서는 박스 구매가 철칙인 우동. 일본산 밀 '네바리고시'를 사용한 면과 진한 우동 국물, 새우를 넣은 가키아게かき揚げ(채 썬 어패류와 채소를 튀김옷에 묻혀 튀긴 것)와 시치미까지 들어 있고, 상온 보관 100일이라는 긴 수명을 자랑한다! 겨울에는 미소 맛도 있다.

이나니와호시우동 稲庭干温飩
사토 요스케 상점 佐藤養助商店

아키타 번주의 신하가 먹던 우동인 '이나니와우동'. 종가 이나니와키치사에몬稲庭吉左エ門으로부터 자식 한 사람에게만 비결을 전한 기술을 2대 사토 요스케佐藤養助가 전수받은 전통의 맛. 선물용 수요가 많지만, 봉지에 담긴 건면은 현지의 일상식이다.

밀가루의 산지에서 밀가루 식문화를 반영하는 오야마제면. 가느다란 우동에 참마(도로로) 가루를 반죽한 부드러운 면의 '도로로우동'을 필두로 향토요리인 힛쓰미ひっつみ풍의 '페롯코우동' 등이 대표 메뉴이다.

이와테

오야마제면小山製麺
도로로우동とろろうどん

이와테

오야마제면小山製麺
페롯코우동ぺろっこうどん

야마가타

조호쿠면공城北麺工
하구로소바羽黒そば

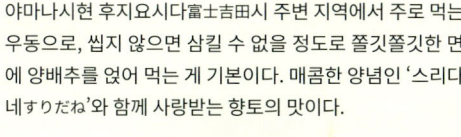

야마나시

마루신제면丸新製麺
요시다노우동吉田のうどん

도호쿠의 영지, 데와出羽 3산 중 하나인 하구로산羽黒山의 이름을 딴 '하구로소바'. 탄생 이래 반세기 이상 데와신사에 봉헌하고 가구라神楽(신사에서 신에게 바치는 가무)에서 오하라이お祓い(신에게 기도 드리는 의식)를 받고 판매하는 조호쿠면공의 간판 상품이다.

야마나시현 후지요시다富士吉田시 주변 지역에서 주로 먹는 우동으로, 씹지 않으면 삼킬 수 없을 정도로 쫄깃쫄깃한 면에 양배추를 얹어 먹는 게 기본이다. 매콤한 양념인 '스리다네すりだね'와 함께 사랑받는 향토의 맛이다.

군마

조슈히모카와上州ひもかわ

호시노물산星野物産

군마의 향토요리 '히모카와우동'. 넓은 면을 채소, 고기와 함께 국물에 끓여 먹는, 농가의 간편식이다. 여름에는 자루우동으로도 먹을 수 있고, 포장에 정취가 있어 기념품으로도 좋다.

사이타마

쓰유쓰케니보토 つゆ付煮ぼうとう

신요시 新吉

야마나시의 '호토ほうとう'는 미소맛이지만, 사이타마의 '니보토煮ぼうとう'는 간장맛으로 고기와 뿌리채소를 함께 끓여먹는 유서 깊은 전통음식이다. 신 1만 엔 지폐의 얼굴, 시부자와 에이이치渋沢栄一가 좋아하는 음식을 먹어보자!

소쿠세키(즉석) 핫초미소니코미우동
即席八丁味噌煮込うどん

스가키야식품寿がきや食品

아이치

미소니코미みそ煮込

스가키야식품寿がきや食品

아이치의 향토음식 '스가키야라멘スガキヤラーメン'의 가정용 제품을 만드는 스가키야식품에서는 전통음식을 즉석면과 냉장면 등으로 제공하고 있으며, 58년 스테디셀러인 '미소니코미'는 5인분 세트가 기본이다. '소쿠세키 핫초미소니코미우동'은 한층 깊은 맛이다.

이세우동·양념伊勢うどん·たれ

미에

미나미제면みなみ製麺

에도시대, 이세신궁 참배객의 마음을 달래주던 이세우동. 굵고 부드러운 면발에 달콤한 맛의 다마리간장たまり醤油(콩의 비율을 높인 진한 맛의 간장)과 어우러지는 것이 특징이다. 현재 현지인을 치유하는 것은 요코즈나(스모 챔피언)급 인기가 있는 미나미제면의 생우동.

아이치

미소니코미우동味噌煮込みうどん

야마모토야본점山本屋本店

'미소니코미우동'으로 유명한 나고야의 노포. 논란을 불러일으킬 정도로 딱딱한 면, 미소와 가다랑어 향이 나는 육수가 세트이며, 상온에서 90일 동안 보관이 가능하다. 현지의 맛을 아는 사람도, 처음 먹는 사람도 울고 갈 정도로 진품이다.

 니신소바にしんそば
야쿠시안薬師庵

교후싯포쿠京風しっぽく
야쿠시안薬師庵

살아 있는 생선이 유통되지 않았던 교토의 향토요리 미가키니신身欠にしん(건어물) 조림이 얹어진 '니신소바'와 짭짤하고 달콤하게 익힌 두툼한 표고버섯에 가마보코, 유바, 오후お麩(밀기울) 등을 얹은 '교후싯포쿠'를 먹어보자. 교토풍(교후) 소바의 재료인 삶은 면, 육수, 재료, 교토의 시치미가 포함된 올인원 제품이다!

 가모가와우동かも川うどん
가모가와테노베소멘かも川手延素麺

여름방학, 겨울방학이면 건면 판매장에는 '가모가와우동'과 '가모가와히야무기ひやむぎ(냉국수)'가 산더미처럼 쌓일 정도로 인기다. 가늘고 쫄깃쫄깃한 전통 수타 제조법으로 오카야마 현 지인의 입맛을 사로잡고 있다.

마쓰야마나베야키우동松山鍋焼うどん
아이멘愛麺

마쓰야마의 소울푸드 '나베야키우동'을 알루미늄 냄비에 담아 상품화. 달달한 육수와 부드러운 우동, 달콤한 양념을 한 소고기가 특징이다. 포장지에 그려진 '달콤하다甘いぞなもし(에히메 현지 방언)'라는 말풍선을 보면 참을 수가 없다.

3부
조미료

"처음 만난 사람과 대화가 이어지지 않는다" "영업용 인사말의 소재가 필요하다". 이런 고민을 해결하기 위해서는 '현지 조미료'에 대한 지식을 추천한다.

다들 자신의 행동을 떠올려보자. 간장을 사러 동네 슈퍼에 가면 평소에 쓰던 간장과 다른 간장을 사는 경우는 거의 없지 않은가? 사람은 익숙한 맛을 쉽게 바꾸지 못한다. 즉, 각 지역마다 현지의 조미료는 고정되어 있기 때문에 처음 만난 사람과도 공통의 화제가 될 수 있는 것이다.

상대방의 출신지를 알아내면 더 유리하다. 야마가타 출신이라면 "아지마루주 味マルジュウ(다시마 간장)는 왜 그렇게 만능인가요?", 아이치현 출신이라면 "선생님 댁도 '소스 하면 고미(기업명)'인가요?"라고 물어볼 수 있다. 이렇게 과감하게 말을 걸어보면 단번에 마음의 문이 활짝 열리고 거리가 가까워질지도 모른다.

그런데 현지 조미료는 그 지역에서 열렬히 사랑받는 조미료이기 때문에 다른 지역 사람들에게는 조금 어려운 카레고리이다. 그래서 참고할 만한 것이 현지 정식을 파는 식당의 식탁 위 조미료다. 오키나와라면 '고레구스コーレーグス(섬 고추인 시마토가라시島とうがらし를 술에 절인 조미료)'. 고치에서는 간장 옆에 '유자식초ゆず酢(유자 과즙 100%)'가 놓여 있는 등, 정식 식당의 테이블 위 조미료는 말하자면 자유로운 시식 체험의 장이다.

낯선 조미료를 발견하면 현지인에게 물어보고 요리와 함께 맛보는 것이 좋다. 그 만남을 통해 마음에 드는 조미료를 찾으면 현지 슈퍼에서 반드시 구입할 수 있기 때문이다.

| 간장 | 쓰유 | 양념 | 소스 | 식초 | … etc. | **조미료 1** |

홋카이도샤부샤부노타레 진타레후미
北海道しゃぶしゃぶのたれ 成たれ風味

베루식품 ベル食品

홋카이도

양고기 샤부샤부 '라무샤부'는 꼭 '샤부샤부노타레 진타레후미'로 맛봐야 한다. '진타레'와 히다카산 다시마 뿌리 육수를 조합한 현지인의 새로운 스테디셀러다.

'진타레'로 집에서 간편하게 징기스칸

징기스칸타레 成吉思汗たれ

베루식품 ベル食品

홋카이도

1956년 일본 최초로 출시된 가정용 야키니쿠 양념인 '징기스칸타레' 홋카이도 내에서는 '진타레成たれ'로 불리며, 가정에서 즐기는 문화가 정착되어 지금은 전국적인 조미료로 자리 잡았다. 전후 삿포로에서 창업한 홋카이도대학 농학부 출신 청년들의 꿈이 이루어졌다.

전국 판매에서 홋카이도 한정 판매로 이제는 홋카이도의 맛!

멘미 めんみ

킷코만식품 キッコーマン食品

홋카이도

1961년 출시 당시에는 전국구 상품이었던 농축 쓰유 '멘미'는 현재 홋카이도에서만 판매되는 홋카이도 한정 상품이 되었다. 강한 인상을 남기는 진한 맛이 홋카이도민들의 입맛을 사로잡아 꾸준한 사랑을 받고 있다.

스노모토 酢の素

미즈노쇼유텐 水野醤油店

이와테

야구선수 사사키 로키佐々木朗希 투수(이와테현 출신)가 "'스노모토'의 맛이 그립다"는 발언으로 갑자기 주목받게 된 오후나토大船渡시의 식초. 전후 각지에서 만들어진 합성 식초 중 하나로, 물에 희석해서 사용하기 때문에 경제적이다.

홋카이도

소라치ソラチ

나마라무센요타레生ラム専用たれ

냉동하지 않은 생양고기(나마라무)의 냉장 유통이 활성화되면서 생양고기 본연의 맛을 살린 전용 양념(센요타레)이 탄생했다. 사과, 서양배, 레몬 등의 향긋한 향과 레드와인의 진한 맛과 풍미가 특징이다.

홋카이도

소라치ソラチ

도카치부타돈노타레十勝豚丼のたれ

1971년 출시. 양돈업으로 발전한 도카치 지방의 향토요리인 '부타돈'은 단맛이 나는 양념으로 구운 고기를 밥 위에 얹어 먹는 음식이다. 소라치의 간판 상품으로 10여 가지의 부타돈 양념(부타돈노타레)이 준비되어 있다.

홋카이도

소라치ソラチ

도쿠센징기스칸特撰成吉思汗

소라치를 대표하는 양념인 '도쿠센(특선)징기스칸'. 채소와 과일을 듬뿍 사용하고 향신료가 가미된 맛은 양고기와 궁합이 잘 맞는다. 출시 후 74년 동안 판매되고 있는 롱셀러이다.

쇼와시대 팸플릿

현 회사명인 소라치는 1951년 창업지인 소라치空知에서 유래했다. 라멘 제조를 시작으로 훗카이도의 식문화를 견인하는 다양한 '양념(다레たれ)'을 개발했다. 상품을 배달하기 위해 용 그림(당시 브랜드 마크)이 그려진 트럭이 훗카이도 전역을 누볐다고 한다.

만능 쓰유와 만능 시라쓰유 폭발적인 인기의 롱셀러!

🏷️ 아키타

반노쓰유 아지도라쿠노사토 万能つゆ 味どうらくの里
반노시라쓰유 가쿠시아지 万能白つゆ かくし味

도호쿠간장東北醬油

1979년에 탄생한 육수용 쓰유 '아지도라쿠노사토'. 요리 시연 판매 당시에도 팔리지 않았던 상품에 '반노(만능)쓰유'라고 이름 붙여 아키타를 중심으로 폭발적인 판매량을 기록한 롱셀러. '반노시라쓰유 가쿠시아지'는 색이 없는 '아지도라쿠노사토'이다.

일본 종이로 정성스럽게 포장된 고급스러운 전통의 맛!

시니세노아지 쓰유 老舗の味 つゆ

🏷️ 이와테

사사초양조佐々長醸造

하야치네산早池峰山 기슭의 지하수를 사용해 메이지시대부터 이어온 나무통에서 장기 숙성했다. 자랑인 간장과 아낌없는 양의 가쓰오부시로 우려낸 육수를 합친 농축 쓰유는 너무 맛있어서 구하기 어려운 특별한 존재다.

숏쓰루 しょっつる
(아키타)

생선(주로 도루묵)을 원료로 하는 아키타현의 전통 조미료이다. 에도시대에는 어부들이 생선을 소금에 절여 숙성시킨 '숏쓰루'를 사용했다고 한다. 동남아시아 요리에 자주 사용되는 어간장이지만 아키타에서는 도루묵 나베가 기본이다.

일본 3대 토종닭 중 하나 히나이 토종닭의 진한 감칠맛!

🏷️ 아키타

히나이지도리 수프 比内地鶏スープ

아사리사스케상점浅利佐助商店

현지 대표음식인 기리탄포나베의 재료. 기리탄포 발상지인 가즈노에서 '후쿠주상福寿さん'으로 불리는 미소 간장 양조의 명가 아사리사스케상점에서 만든 것으로, 후쿠주간장과 히나이지도리(토종닭)의 닭기름을 넣어 깊은 맛을 낸다.

마루주오야의 대명사!
야마가타 현민의 고향의 맛

1844년 베니바나紅花(잇꽃) 상업으로 창업. 메이지 중기부터 양조업을 시작한 마루주오야의 대명사는 다시마 간장 '아지마루주'다. 현지인은 어떤 요리이든 이 한 병으로 맛을 낸다. 반찬 이외에도 이 맛을 즐기고 싶어서 만든 쌀과자 '아지마루주센베이'(자오쌀과자蔵王米菓)도 인기다.

출시 초기 포스터

아지마루주는 1964년에 탄생했다. 출시 당시에는 3대가 함께 사는 것이 당연시되던 시대였기 때문에 기본 1.8리터짜리 병이 가장 잘 팔렸다.

아지마루주味マルジュウ

마루주오야丸十大屋

야마가타

도호쿠 슈퍼의 매장 풍경

간장 맛을 좋아하고 저장식 만들기도 활발해 간장, 쓰유 등 1.8리터짜리 페트병이 즐비하다. 미소도 양동이 사이즈가 인기다. 또한 아오모리의 야키토리와 BBQ, 이와테의 징기스칸과 야키니쿠 문화도 널리 퍼져 있어 양념은 필수다.

야마가타

이모니노타레芋煮のたれ

마루주오야丸十大屋

야마가타의 명물인 이모니도 이것 하나면 1년 내내 OK!

야마가타의 향토 반찬이라고 하면 '이모니芋煮'를 들 수 있다. 토란, 소고기, 곤약 등을 삶아 '이모니노타레(이모니 양념)'로 간편하게 맛을 낸 것으로, 한 병으로 약 10인분 정도를 만들 수 있다. '아지마루주'보다 단맛이 강하다.

사이타마

긴부에겐엔쇼유 金笛減塩醬油
후에키간장笛木醬油

1789년 창업한 후에키간장의 간판 상품인 '긴부에겐엔쇼유(저염간장)'은 44년 전 건강을 중시하는 사회 분위기에 부응하여 개발했다. 감칠맛은 그대로 유지하면서 염분 함량을 50% 줄인 기술력과 전통 나무통 양조의 융합이다.

색·맛·향의 균형이 잡힌 전통의 자연 발효 간장

군마

쇼다노쇼유 正田醬油
쇼다간장正田醬油

군마현 다테바야시館林에서 에도시대의 미곡상 '요네분米文'을 시작으로 1873년에는 3대 쇼다분에몬正田文右衛門이 간장 양조업을 창업했다. 유서 깊은 쇼다 가문이 빚어내는 역사의 맛.

 **도야마**

아난탄쇼유(우스쿠치)
あなん谷醬油(うす口)
이이다간장飯田醬油

요리를 깔끔하게 마무리할 수 있는 황금빛 우스쿠치(옅은 색의 약한 풍미) 간장. 색만 다른 것이 아니라 '일본의 루르드Lourdes('기적의 샘물'이 있는 프랑스 소도시)'라고 불리는 기적의 땅 아난탄穴의 谷의 영수靈水(신비스러운 효험이 있는 물)가 들어 있다는 점이 다르다.

170년 이어져온 천연 나무통 양조

 이시카와

나옷페쇼유 고이쿠치
直っぺしょうゆ 濃口
나오겐간장直源醬油

가나자와 사람들이 좋아하는 단맛을 더한 '나옷페'는 나오에야겐베이直江屋源兵衛가 창업한 이래 200년 동안 이어져온 나오겐간장의 스테디셀러다. 약 400년 전 기슈에서 양조 기술이 전해져 간장 제조가 시작된 오노大野 지역의 맛이다.

 **지바**

시모사쇼유 下総醬油
지바간장ちば醬油

간토 간장 제조의 중심지 시모사(현 지바현)에서 나무통 양조를 지켜온 지 170년. 통대두, 밀, 소금만을 원료로 장인의 기술과, 계속 양조장에 저장되어 있던 효모가 만들어내는 '시모사쇼유'만의 맛이다.

고신에쓰의 대표 농축 육수 쓰유 라벨도 매력적이다!

덴요간장 포스터(다이쇼시대)

초기 제품 예전 제품

1964년 발매된 비미산은 1972년부터 일본을 대표하는 페이퍼커팅 아티스트 다키다이라 지로滝平二郎가 그린 여성 라벨을 채택해 제품이 더욱 유명해졌다.

현재 제품

야마나시

현 회사명인 '덴요'는 처음에 판매하던 간장의 이름이다. '적에게 소금을 보낸다'의 유래가 된 다케다 신겐武田信玄과 우에스기 겐신上杉謙信의 고사에서 따온 '덴요노 시오天与の塩(하늘이 내려준 소금)'에서 이름을 따왔다.

덴요노다시쓰유 비미산 テンヨのだしつゆ ビミサン

덴요타케다テンヨ武田

덴요타케다의 전신인 다케다본점武田本店을 1872년에 창업한 다케다 젠베武田善兵衛는 전국시대 무장 다케다 신겐의 후손이다. 2024년에 출시 60주년을 맞이하는 '덴요다시쓰유 비미산'은 간편함이 요구되는 고도 경제성장기에 탄생한 간판 상품이다. 야마나시, 나가노, 니가타 지역의 주방 필수품으로 연간 90만 리터를 생산하고 있다.

오징어 내장 어간장/정어리·전갱이 어간장/정어리 어간장
이시리이시리/이시루이시る/요시루よしる

(이시카와)

감칠맛이 강한 노토 전통 어간장. 예로부터 원료인 오징어, 정어리, 소금이 풍부했던 것과 장기 발효에 적합한 기후로 어간장 제조가 발달했다. '노토의 이시리·이시루 생산자 협의회' 가맹점의 상품은 지리적 표시(GI)로 인정받고 있다.

아이치

야마신 양조 ヤマシン 醸造

야마신시로쇼유(특급) ヤマシン白醤油(特級)

아이치현 헤키난碧南에서 탄생한 시로쇼유(백간장)는 밀과 콩의 비율이 9:1이기 때문에 우스쿠치 간장보다 더 옅은 호박색으로 단맛이 나는 간장이다. 시로쇼유를 만들어온 200년 전통의 맛, 야마신의 대표작이다.

시즈오카

곤도스텐 근등초점 近藤酢店

엔메이스 延命酢

시즈오카현 곤도스텐 2대가 아내의 친정인 귤 농장에서 나오는 비규격 귤의 즙으로 식초를 양조한다. 꿀 등을 블렌딩하여 '식초의 힘으로 건강하게 오래 살자'는 염원을 담은 상품명이다.

이시카와

우즈마키스うずまき 酢

우즈마키 스노모토 うずまき 酢の素

1947년 무렵, 후쿠이현에 있던 '난에쓰화학연구소'에서 인수한 '우즈마키인うずまき印 스노모토(희석식식초)'부터 이어져온 롱셀러. 이와테의 '스노모토'(132쪽)의 여파로 이시카와의 '스노모토'도 인기 만점이다.

옅은 색 [우스이로], 짙은 색 [고이이로], 오늘은 어느 것으로?

미에

후쿠오카쇼유텐 福岡醤油店

하사메즈 はさめず

미에현 이가伊賀시의 간장 '하사메즈(끼우지 않는다)'의 유래는 '젓가락으로 끼울 수 없는 요리'라는 뜻. 130년 전통의 요시노 삼나무 통에서 탄생한 베스트셀러로, 특히 '우스이로うすいろ'의 인기가 높다.

미에

니시무라 상점 西村商店

이세시마아오사쇼유 伊勢志摩あおさ醤油

이세신궁 참배객과 구마노 순례자도 맛본, 340년 역사의 전통 간장 가게는 항상 이세다운 맛을 추구한다. 이세시마산 파래(아오사)가 향기롭고 부드러운 감칠맛이 나는 간장이다.

향을 고집하는 고미(香味)의 고이쿠치 소스!

주쿄中京권(아이치현 나고야시를 중심으로 한 도시권)의 소스 매대는 고미, 가고메, 불독, 그리고 다시 고미, 1974년 출시된 고이쿠치 소스는 2024년 50주년을 맞이한다!

고미의 창업은 1950년. 향과 맛에 대한 마음을 담은 '고미香味 소스'로 시작했다. 그런데 소스의 진한 맛이란 도대체 무엇일까? '고이쿠치 소스'는 '감칠맛이 진한 소스'로 인정받아 현재도 식품 표시기준에서 '고이쿠치(진한 맛)' 표시가 인정되고 있다. 걸쭉하고 진한 맛과 감칠맛을 좋아하는 주쿄권에서 발전해온 맛이다.

아이치

디럭스 고이쿠치 소스 デラックスこいくちソース
고미コーミ

쇼와시대의 팸플릿(1960년대 초반경)

소스 출시 이듬해인 1951년, 케첩이 고미에 합류했다. 소스와 케첩이 업무용과 급식용으로 대량으로 거래되기 시작한 시대의 상품군. 지금은 보기 드문 항아리 포장이나 뒷병(1.8리터)에 담긴 제품도 있다.

창업 당시의 맛을 재현
더 부드러워진 복각판

복각판 오지카소스 훗코쿠반 오지카소스 復刻版オジカソース

오지카소스공업 オジカソース工業

교토

일본에서 양조업을 배운 창업자가 수련한 곳은 영국 우스터 소스 회사. 귀국 후 1918년 교토 기온祇園에서 창업한 당시의 맛을 재현하고 있다. 과일에 채소, 소금 외에 교토답게 다시마, 간장 등을 첨가한 맛이다. 전쟁 중에는 기온의 게이샤도 샤미센(일본 대표 현악기)을 한 손에 들고 도와주었다는 역사가 있다.

오지카소스의 역사

오지카샤大鹿社는 커피와 잼, 위스키를 수입하기도 했다. 당시 신문 광고를 통해 서양 문화를 즐기는 교토 사람들의 생활을 엿볼 수 있다. 풍요로움이 느껴지는 아름다운 라벨.

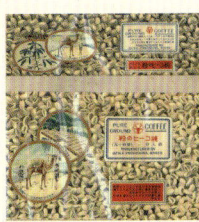

1987년 이전하기 전의 기온 시대. 영국의 소스 회사인 타이록Tyrock의 이름을 따서 '타이로쿠大鹿(タイロク)사'라고 했지만, 기온 사람들에게 '오지카상オオジカさん'이라고 불렸고, 후에 '오지카'로 바뀌었다.

교노소바오우동다시 京のおそばおうどんだし
교토

후지세이 藤清

교토의 슈퍼마켓에서 삶은 우동 봉지 옆에는 반드시 황금빛을 띤 육수가 있다. 이 제품은 고급 요정과 다름없는 원재료와 정성을 들인 무첨가 육수용 쓰유다. 전골에도 사용할 수 있는, 교토 식문화의 깊이를 느낄 수 있는 일품.

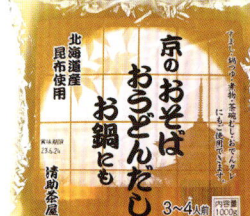

다양한 요리에서 맹활약! 그대로 쓰는 황금빛 육수

항아리 용기도 재미있다!
나니와 명물 꼬치 튀김 소스

 구시카쓰소스 串かつソース

다이코쿠야 大黒屋

'두 번 찍어 먹기 금지二度漬け禁止', 오사카의 구시카쓰(꼬치 튀김) 가게에 걸려 있는 긴장감 넘치는 문구. 단맛이 강한 다이코쿠야의 구시카쓰소스는 가게와 같은 '항아리 모양'으로 집에서도 가게에 온 듯한 기분을 느낄 수 있다. 집에서는 두 번 찍어 먹는 것도 자유롭게!

맛에 까다로운
오사카 사람들도 납득!
오사카의 대표 조미료

오사카 **아사히폰즈** 旭ポンズ

아사히식품 旭食品

1948년 오사카부 야오八尾시에서 우동과 소면 등 건면 제조를 시작해 5년 후 아사히식품으로 상호를 변경한 후 육수를 개발했다. 오사카에서 '폰즈'라고 하면 가장 먼저 이름이 나오는 인기 상품.

요리에 따라 4종의
소스를 골라 사용하세요

 바라소스 ばらソース

바라식품 ばら식품

고베시 나가타長田를 대표하는 소스 중 하나가 '바라(장미)소스'이다. 1950년대에 창업해서, 집에서도 가게에서도 인기 만점이다. 생선 덴푸라에 사용하는 '구시카쓰소스串かつソース', 오코노미야키에 사용하는 '아마쿠치(단맛) 돈가스소스甘口とんかつソース'와 '가라쿠치(매콤한 맛) 돈가스 소스辛口とんかつソース', 구시카쓰소스와 오코노미야키소스를 혼합한 '야키소바소스焼きそばソース' 등 4종이 있다.

채소와 과일이 듬뿍 든 걸쭉하고 진한 맛!

`히로시마`

오타후쿠 오코노미소스 オタフクお好みソース
오타후쿠소스 オタフクソース

1922년 창업. 전쟁 후 오코노미야키와 궁합이 좋은 '걸쭉한' 소스를 개발했다. 진한 단맛을 내는 대추야자가 맛의 비결이다.

신맛을 줄여서 단맛과 감칠맛이 어우러진다

`와카야마`

하구루마 토마토케첩 ハグルマ トマトケチャップ
하구루마 ハグルマ

와카야마에서 토마토케첩하면 '하구루마'. 창업 당시 사장들끼리 친했기 때문에 난카이전철南海電鉄의 초대 회사 로고를 본뜬 '하구루마羽車(날개 달린 바퀴)' 로고를 사용하게 되었다고 한다. 잘 익은 토마토의 풍미를 살린 '아마메노아지甘めの味(달콤한 맛)'이 현지에서 사랑받는 이유이다.

사시미는 물론 채소 샐러드에도 어울린다!

`돗토리`

이나사 사시미쇼유
イナサ さしみ醬油
야마자키양조본점山崎醸造本舗

'산 모양에 사サ' 간장이라고 하면? 사시미가 맛있는 달콤한 간장, 야마자키의 이나사가 돗토리의 대표 상품이다. 이나사는 전국의 신들이 이즈모오야시로出雲大社신사에 모일 때 내려오는 이나사 해변을 말한다.

덴구의 표정이 거북하네! 현지에서 사랑받는 소스

`히로시마`

덴쿠 오코노미소스=延命酢
나카마양조中間醸造

진한 단맛과 감칠맛, 매운맛을 겸비한 덴구소스는 1955년 제조를 시작해 약 70년 동안 변함없는 맛으로 사랑받고 있는 히로시마현 동부의 현지 소스이다.

주오쿠국(현재 야마구치현 동남쪽의 반)

야나이쓰에서 출발한 명품은 전국에 팬도 많다!

소노만마스노모노 そのまんま酢のもの
오노미치조스 尾道造酢

현존하는 식초 제조업체 중 가장 오래된 것으로 알려졌다. 1582년 창업해 441년이라는 긴 시간을 이어왔다. 아세트산균이 살아 있는 식초로 '시간을 들이지 않고 식초를 뿌리는 것만으로' 단시간에 맛있는 초무침을 만들 수 있다.

히로시마

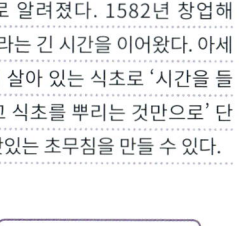

뿌리고 섞고 절이기만 하면 간단하게 초무침 완성!

야마구치

간로쇼유 甘露しょうゆ
사가와쇼유텐 佐川醬油店

에도시대 야마구치현에서 탄생한 '사이시코미쇼유再仕込醬油(재제조 간장, 소금물 대신 간장을 넣어 담근 간장)'. 영주가 '간로甘露(맛있다)'라고 극찬하며 '간로쇼유'라고 명명했다. 양조장 중 하나인 사가와쇼유텐에서도 간장 누룩을 다시 담그고 있다.

유즈스 ゆず酢
유노스 ゆのす
(시코쿠)

유자식초인 '유즈스(또는 유노스)'는 고치현과 도쿠시마현을 중심으로 스메시酢飯(식초를 넣은 밥), 생선구이, 음료 등에 많이 사용된다. 식초라고 해도 양조식초가 아닌 현지산 유자 100% 과즙이다. 시즌 중에는 농가에서 직접 짜낸 유자식초가 됫병으로 등장한다. 그중에서도 종자에서 자란 15년 이상 된 '묘목 유자'는 일반적인 접목재배보다 향이 뛰어나서 귀하게 여겨진다.

'장미' '벚꽃'이라는 예쁜 이름의 간장들

독큐(특급) 바라코이쿠치쇼유
特級ばら濃口醤油

혼조조 사쿠라코이쿠치쇼유
本釀造さくら濃口醤油

사쿠라우스구치쇼유
さくら淡口醤油

사가 — 미야지마간장宮島醬油

1882년 창업한 사가의 미야지마간장. 고이쿠치, 우스쿠치, 아마쿠치가 있는 규슈에서는 이 회사의 간판 상품인 '바라(장미)'와 '사쿠라(벚꽃)' 간장을 '달콤한 장미' '연한 벚꽃'이라고 표현할 수 있어 멋지다. '해바라기'와 '모란'도 있다.

후쿠야마쿠로즈福山黑酢 (가고시마)

가고시마현 기리시마霧島시 후쿠야마초福山町에서 전통 제조법을 지켜 만든 구로즈(흑초)만이 '후쿠야마쿠로즈'라는 이름을 붙일 수 있다. 현미, 누룩, 물만을 사용하여 전통 노천 항아리에서 자연 발효 숙성시키기 때문에 야외에 항아리가 늘어선 풍경이 압권이다.

사진 : A-Z あくね

미야자키 — 다카치호쿄쓰유高千穂峡つゆ 가쓰오아지아마쿠치かつお味あまくち
야마에식품공업ヤマエ食品工業

꿀이 들어간 진하고 깔끔한 맛

갓 갈아낸 가쓰오부시를 듬뿍 사용해 기리시마산맥 지하수로 육수를 낸 후 꿀을 넣은, 진하면서도 깔끔한 맛의 멘쓰유. 물이 맛있기 때문에 희석할 필요 없이 원액 그대로 사용한다.

나가사키 — 긴초소스 우스터
金蝶ソース ウスター
초코간장チョーコー醬油

나가사키 명물인 사라우동에 빠질 수 없는 소스

전쟁 전, 나가사키의 간장 양조장 구로다상점黒田商店이 사라우동皿うどん의 발상지로 알려진 '시카이로四海楼'의 조언을 바탕으로 개발했다. 소스의 신맛과 향신료가 단맛이 나는 사라우동의 양념에 더해져 완벽한 맛을 낸다.

도무라혼텐노야키니쿠노타레
戸村本店の焼肉のたれ
도무라푸드戸村フーズ

미야자키

미야자키현 매출 1위
단연 인기 있는
야키니쿠 양념장

1960년대 중반부터 미야자키현 니치난日南시의 도무라 정육 본점戸村精肉本店이 직접 만든 양념을 고기에 발라 판매한 것이 큰 인기를 끌었다. 양념을 나눠달라는 요청에 따라 판매한 통칭 '도무라노타레(도무라의 양념)'는 곧 미야자키현 내 점유율 1위로 올라섰다. 과일과 마늘, 무기미소를 사용한 진한 맛.

스테이크와 잘 어울리는 진하고 매콤한 소스

나하의 스테이크 전문점 '잭스 스테이크 하우스'의 스테이크와 런치(라는 이름의 정식)에 뿌리는 조미료. 본토 복귀 후 오키나와에 영업하러 온 효고의 기도식품과 오키나와의 잭스 스테이크 하우스가 함께 개발하여 1981년에 완성했다.

드림 No.1 스테이크 소스
ドリームNo.1ステーキソース
오키나와
기도식품木戸食品

가고시마현 슈퍼 매장 풍경

곳곳에 양조장이 있는 '간장 천국' 가고시마현. 회사별로 진한 맛, 묽은 맛, 단맛, 감칠맛 등을 내놓아 압도적인 수의 간장이 슈퍼에 진열되어 있다. 고르기가 어려울 것 같지만, 다들 마음에 드는 간장이 있기 때문에 그다지 고민하지 않는다.

사진 : A-Z あくね

| 미소 | 즉석 미소시루 | 향신료 | 전통 조미료 | …etc. | **조미료 2**

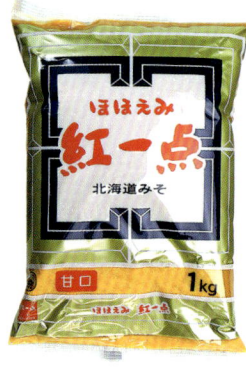

오랜 시간 동안 현지에서 사랑받는 홍일점 브랜드의 대표주자

호호에미코잇텐 ほほえみ紅一点 홋카이도
이와타양조岩田醸造

1964년 출시 이후 반세기가 넘는 롱셀러. '맛은 만점, 고잇텐(홍일점)'으로 유명한 1892년 창업의 이와타양조에서는 '홋카이도미소코잇텐北海道みそ 紅一点'과 어깨를 나란히 하는 대표적인 담백한 미소이다.

오토쿠요 즉석팩 お徳用即席パック 홋카이도
이와타양조岩田醸造

즉석 미소시루이지만 '양파와 이소노리磯のり(김)' '아카하나노리赤はなのり와 미역' '유부와 홋카이도산 다시마' 등 홋카이도다운 재료로 만들었다. 가공을 거치지 않은 생미소 타입의 즉석 미소시루.

사이타마

아라이부헤이상점新井武平商店

지치부미소 秩父みそ
반찬 미소 '지치부오나메'(17쪽)의 아라이부헤이상점은 부코산武甲山이 보이는 마을에서 미소를 만든 지 94년. 지치부의 산들이 키워 낸 물과 지치부 분지의 혹독한 기후를 이용해 숙련된 기술로 양조한 미소이다.

쌀누룩이 듬뿍 담긴 일품 다마마쓰玉松 브랜드 복각판

이치센본자쿠라 긴조미소 一目千本桜 吟醸みそ 미야기
히가시마쓰시마주미소東松島長寿味噌

2019년에 폐업한 다마마쓰미소쇼유玉松味噌醬油의 브랜드를 히가시마쓰시마초주미소가 이어받아 제조하는 복각 상품. 벚꽃 꽃잎을 흩뿌린 것처럼 쌀누룩이 듬뿍 들어간 것이 특징.

홋카이도

후쿠야마양조 福山醸造

메이지시대에 창업한 후쿠야마양조의 롱셀러 상품으로 1976년에 출시된 '도모에 이나카미소'. 직사각형의 제품에 인쇄된 글자는 이시카와 다쿠보쿠石川啄木의 단가(일본의 정형시)로, 슬픈 꿈에서 깨어난 아침의 미소시루 냄새가 마음을 달랜다는 내용이다.

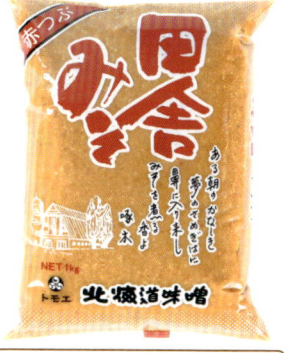

홋카이도 가정의 맛! 도모에의 롱셀러

도모에 이나카미소 아카쓰부
トモエ 田舎みそ 赤つぶ

도모에 이나카미소 시로쓰부
トモエ 田舎みそ 白つぶ

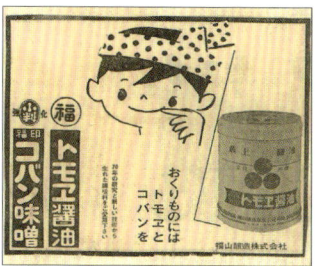

(왼쪽) 1961년 11월 홋카이도 신문에 실린 '도모에간장, 고반미소' 광고에 등장한 '도코짱'. 두 상품명의 머리글자를 따서 도코짱? (오른쪽) 1976년, 컵에 담긴 '이나카미소' 출시 당시의 신문 광고.

양 조절로 취향에 맞게 맛도 1·2·3단계로!

아오모리

가네사아마미소 かねさ甘味噌
가네사다시이리미소 かねさだし入りみそ

마루코메 マルコメ

가네사 브랜드의 육수가 들어간 고메미소米味噌(쌀누룩으로 담근 미소). 1875년에 창업한 아오모리 가네사가 새로운 체제 아래 지금도 미네랄이 풍부한 아오모리 지하수로 쓰가루 미소津軽味噌를 제조하고 있다.

마루코메 マルコメ

가네사 독자적인 동결건조 제조법으로 개발한 과립 미소. 쓰가루 지방에서 오랫동안 사랑받고 있는 대용량 캔 타입. 현재는 마루코메 그룹으로 전국에 영업 중이다.

일러스트도 귀여운 유키짱의 고지미소

니혼카이미소 日本海みそ

니혼카이미소쇼유 日本海味噌醬油 **도야마**

'눈 내리는 아침은 쓰루기, 다테야마, 구로베는 춥고 유키짱의 소식은 고지미소, 마음 따뜻한 미소시루, 그리운 엄마의 맛, 아, 엣추越中 니혼카이미소♪'. 기다 다로キダタロー 작곡의 CM송과 '유키짱雪ちゃん' 캐릭터로 유명한 쌀의 고장 도야마다운 향토 미소.

소금에 절인 고춧가루를 눈 위에 올려놓으면 고춧가루의 감칠맛이 더해진다는 '유키사라시雪晒し'.

장기 숙성 발효한 전통 고추 절임

'유키사라시'한 고추를 누룩으로 발효시킨, 니가타현 묘코妙高시의 전통 발효 조미료. 회사 한 곳에서만 생산되며 최근에는 전통을 지키면서도 '하바네로 간즈리' '나마(생)간즈리' 같은 콜라보 상품도 개발되어 새로움을 더하고 있다.

간즈리かんずり **니가타**

간즈리かんずり

창업 이래 스테디셀러 계속 사랑받는 신슈의 맛

 나가노

시치미토가라시 七味唐からし

야와타야이소고로 八幡屋礒五郎

초대 사장이 젠코지 절 경내에서 시치미를 판매한 지 288년. 고추(도가라시), 산초, 생강, 마씨, 참깨, 진피, 차조기의 '일곱 개의 맛(시치미)'이 나가노 야와타야이소고로의 맛이다. 추운 신슈, 몸을 따뜻하게 해주는 생강이 들어간 것이 특징이다. 현지 나가노에는 다양한 향신료 통조림이 있다.

이름도 절묘한 튜브형 만능 미소 양념

> **아이치**
> 쓰케테미소카케테미소 つけてみそかけてみそ
> (찍어먹고 미소 뿌려먹고 미소)
> 나카모 ナカモ

창업 190년 된 미소 제조업체인 나카모가 출시한 지 30년. 이미 상품화되어 있던 '덴카쿠미소'와 '미소카쓰노타레' 등을 하나로 통합하고, 미소 업계 최초로 튜브 용기를 채용하여 인기를 끌었다. 어묵, 미소카쓰 등 무엇이든 나고야풍으로 만들어주는 마메미소 豆味噌(콩, 소금, 물만으로 장기간 숙성시켜 만든 미소)의 단맛. '한 가정에 한 병'의 원조격인 존재.

> **아이치**
> 핫초미소 八丁味噌
> 핫초미소노오미소시루 八丁味噌のおみそ汁
> 가쿠큐핫초미소 カクキュー八丁味噌

영양과 감칠맛의 마메미소 '핫초미소'의 이름은, 1645년에 미소 제조를 시작한 곳이 도쿠가와 이에야스 徳川家康가 태어난 오카자키 岡崎성에서 서쪽으로 약 870m 떨어진 핫초무라 八丁村(현재의 아이치현 오카자키시 핫초초)였다는 데서 유래한다. 전통 제조법으로 단단하게 완성된 핫초미소를 우선 즉석 미소시루로 시식해보자.

가쿠큐와 마루야 두 곳의 노포가 만드는 핫초미소

> **아이치**
> 핫초미소 八丁味噌/
> 골드아카다시 ゴールド赤だし
> 마루야핫초미소 まるや八丁味噌

가쿠큐핫초미소와 마찬가지로 마루야핫초미소도 1600년대에 미소 제조를 시작했다. 대명사 '핫초미소'는 미카와 三河산 콩과 소금만을 사용한 전통 제조법으로 양조한 진짜 맛이다. '골드아카다시'는 핫초미소에 마메미소, 고메미소 등을 사용하기 쉽도록 배합했다. 육수가 들어 있지 않으니 착오가 없길.

**일본 최초의 즉석 카레!
추억의 스테디셀러!**

아이치

소쿠세키(즉석) 카레 即席カレー /
소쿠세키(즉석) 하야시도비 即席ハヤシドビー

오리엔탈 オリエンタル

카레를 가정식으로 바꾼 것은 아이치현 나고야시의 오리엔탈로, 1945년 일본 최초의 본격적인 루 타입의 '소쿠세키 카레(즉석 카레)'를 출시했다. 지금은 사용하기 편한 새로운 플레이크 타입이 된 즉석 카레와 자매품인 '소쿠세키 하야시도비'는 창업 이래 변함없는 인기를 누리고 있다.

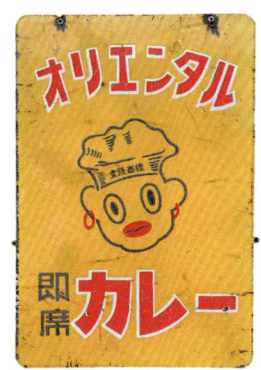

직원들이 트럭을 타고 전국을 순회하며 홍보를 한다. 판촉용으로 만든 풍선은 어린이들에게, 숟가락은 주부들에게 호평을 받았다. '오리엔탈보이' 마스코트 등 현대적 감각의 전략으로 홍보에 성공했다.

살짝 볶기만 하면 본격 중화요리의 맛!

오사카 파포 パーポー

다마노이 スタマノイ酢

'파포'는 중국어로 '바바오차이 八宝菜(팔보채)'가 어원이며, 1969년에 발매된 롱셀러로 간사이에서 절대적인 지지를 받고 있는 제품이다. '파포'의 억양은 '차슈'와 마찬가지로 본고장 간사이식이다.

산카이부시 山海ぶし

오사카

이소지만磯じまん

간사이의 김 쓰쿠다니 '이소지만'(22쪽)의 이소지만이 1972년에 발매한 매실 아에모노和え物(무침) '산카이부시'. 매실, 가쓰오부시, 차조기의 감칠맛과 신맛은 조미료로도 만능이지만, 밥에도 잘 어울린다.

탱글탱글하고 향긋한 어린 초피나무 열매

아오야마 초피나무 열매를 끓여 만든 '미잔'은 특이한 이름의 분센 중에서도 얌전한 편에 속한다. 까나리 구기니釘煮(달콤하게 짭짤하게 끓인 조림)나 지리멘산쇼ちりめん山椒(치어를 말린 지리멘 자코와 초피 열매를 함께 끓인 요리) 등 간사이 요리의 고급 조미료로 쓰인다.

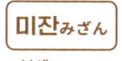

미잔みざん

분센ブンセン

효고

미산쇼実山椒

기무라쿠상점木村九商店

교토

전통을 중시하는 교토에서 갈고닦은 저장식의 명가 기무라쿠상점. 생선 비린내를 잡아주는 요리용 '미산쇼'는 간판 상품 중 하나로 전문가들도 선택하는 일품이다. 상큼한 향과 매운맛의 일본산 초피나무 열매(미산쇼)를 물에 끓인 것이다.

히로시마

가오루카산노아지香る母さんの味(향기로운 어머니의 맛) 무기미소[중간단맛]麦味噌(中甘)

마스야미소ますやみそ

히로시마에서 누룩 제조업으로 창업한 마스야미소는 1967부터 사랑받고 있는 '가산노아지母さんの味(어머니의 맛)'는 일본산 보리와 콩을 숙성시킨 누룩이 자랑인 무기미소이다.

도키와미소ときわみそ

신구간장양조新宮醤油醸造

와카야마

소금 함량을 최대한 낮춘 쌀누룩 미소는 현지에서 맛있다고 소문이 자자하다. 1919년 미소를 만들기 시작한 집에서 태어나 대학원에서 양조공학을 전공한 2대 자손이 연구를 거듭해 완성한 결과물이다.

히로시마산 굴 추출물 육수를 넣은 미소도 큰 인기!

이나카미소 田舎みそ

골든신조미소 ゴールデン新庄みそ

신조미소 新庄みそ 히로시마

가키다시이리미소 かきだし入りみそ

'가키다시이리미소(굴 육수를 넣은 미소)'는 '더 히로시마' 브랜드 인증 제품. 1961년 출시 이후 꾸준히 사랑받고 있는 '골든신조미소', 옛날 그대로의 소박한 맛과 풍미의 '이나카미소'는 1923년 창업한 신조미소가 만든 히로시마의 정겨운 맛이다.

소쿠세키(즉석) 가키다시이리미소시루 即席かきだし入りみそ汁
다이다시이리미소시루 鯛だし入りみそ汁

'가키다시이리미소시루(굴 육수를 넣은 미소시루)'는 히로시마산 굴 추출물을 사용해 부드러운 감칠맛이 나는 즉석 미소시루다. '다이다시이리미소시루(도미 육수를 넣은 미소시루)'는 에히메현산 도미 육수를 사용한 고급스러운 맛이다.

야마구치

무기미소(우스지오) 麦味噌(うすじお)

이치우마본점 一馬本店

 도쿠시마

풋고추 절임 미마카라 みまから

미마교류관 美馬交流館

조용한 마을 미마美馬에서 오랫동안 한적하게 재배해온 풋고추를 둥글게 썰어 간장, 미림, 가쓰오부시와 참깨기름을 넣고 끓여 매운맛의 깊숙한 곳에서 단맛이 감칠맛으로 느껴지는 저장식.

술집이었던 이치우마본점이 모리毛利번의 저장미 창고에서 미소와 간장 양조를 시작한 것이 1899년. 지금도 그 역사적인 건물에서 만드는 무기미소는 야마구치현산 보리를 100% 사용한 토속적인 맛이다.

에히메

이요노미소시루伊予のみそ汁 /
이요노미소伊予のみそ

기노미소ギノーみそ

'이요노미소'는 기노미소의 주력 상품이다. 보리 누룩과 콩의 비율이 20:1로 저염(8.5%)의 무기미소이다. 식이섬유가 많아 건강을 중시하는 사람들과 염분을 걱정하는 사람들에게 인기다. 무기미소가 처음이라면 '이요노미소시루'로 맛볼 수 있다.

즉석에서 간편하게 맛보는 무기미소의 구수한 맛!

에히메

오뎅미소おでんみそ

기노미소ギノーみそ

에히메에서는 오뎅에 '가라시이리미소(겨자가 들어 있는 미소)'가 필수품이다. 그런데 기노미소의 '기노'는 교호享保 대흉년 때 다음에 파종할 보리 씨앗을 먹지 않고 굶어죽으며 많은 생명을 구한, 기노기농(의로운 농부) 사쿠베作兵衛를 뜻한다.

가쓴토오야지노 닌니쿠누타
ガツンとおやじの
にんにくぬた

서니마트サニーマート

마늘잎, 미소, 식초, 설탕 등이 원료인 '누타'는 고치의 전통 조미료. 방어 사시미에는 간장보다 누타가 더 잘 어울린다. 계절 한정의 맛이었지만, 최근에는 각 업체에서 상품화하여 지역 슈퍼인 서니마트에서도 오리지널 상품을 판매하고 있다.

방어 사시미에는 간장보다 누타와 함께!

양조장이 만드는 즉석 국 3종
간편하게 즐기는 작은 사치

니시오카쇼유텐西岡醬油店　**사가**

후와후와타마고노 오스이모노
ふわふわたまごのお吸い物

오미소야산노 쿠라즈쿠리미소시루
お味噌屋さんの蔵造りみそ汁

이마리규노규미소시루
伊万里牛の牛みそ汁

니시오카쇼유텐의 즉석 국물요리는 온고지신의 맛. 이마리 소고기+전통 아와세미소(2종 이상의 미소를 혼합한 것)의 '이마리규노규미소시루', 파+폭신한 달걀(후와후와타마고)+전통 우스쿠치 쇼유의 '후와후와타마고노오스이모노', 미역·우스아게うすあげ(유부)·파+전통 아와세미소의 '오미소야산노쿠라즈쿠리미소시루' 등 3종을 구입할 수 있다.

니시오카간장의 역사

현재의 사가현 이마리伊万里시에서 초대 니시오카 사쿠에몬야스미치西岡作衛門安道에 의해 메이지 시대 초기에 창업하여 번영을 누렸다. 현재 6대째로, 니시오카간장 양조의 원조답게 맛있고 감칠맛 좋은 간장을 지키고 있다.

 오이타

스미소酢みそ / 가라시스미소 からし酢みそ
후지진쇼유富士甚醬油

오이타현 굴지의 미소·간장 양조업체인 후지진쇼유의 고메미소(쌀 미소)를 베이스로 만든 '스미소(식초 미소)'와 '가라시스미소(겨자 식초 미소)'. 잉어 아라이あらい(생선살을 물로 씻어서 식감을 살린 것) 등 생선부터 오징어, 문어, 곤약까지 커버한다. 미역, 초피나무 열매 등이 나오는 초봄에 대활약한다.

고메미소 베이스의 스미소 사용하기 쉬운 튜브 타입

훈도킨의 대명사 살아 있는 미소!

오이타 훈도킨간장フンドーキン醬油

160년 이상 오이타에서 사랑받아 온 훈도킨간장. 효소가 살아 있는 '이키테루(살아 있는)미소' 시리즈의 '아와세미소'는 보리와 쌀을 섞어 만든 단맛이다. 한편, 쌀의 단맛과 보리의 풍미가 조화를 이룬, 체가 필요 없는 '오후쿠로(어머니)아와세'는 단맛이 강하다.

이키테루아와세生きてるあわせ　　**오후쿠로아와세**おふくろあわせ

살아 있는 동결 건조된 즉석 미소시루

이키테루미소 마루야카돈지루生きてるみそ まろやか豚汁
이키테루미소 마루야카미소시루生きてるみそ まろやかみそ汁

훈도킨간장의 대명사 '이키테루미소'로 만든 동결건조 미소시루 2종. 진한 맛의 '마루야카돈지루(순한 돼지고기 미소시루)'와 시로미소白味噌 맛의 '마루야카미소시루(순한 미소시루)'. 고민이 되는 일상의 잔치 음식을 박스째로 선물하는 사람들도 많다고 한다.

유자 향이 상큼! 톡 쏘는 순일본식 향신료

아오유즈코쇼青柚子こしょう

오이타의 미소와 간장은 잘 쓰지 않더라도 훈도킨간장의 '아오유즈코'는 사용해본 적이 있을 것이다. 청유자 껍질을 잘게 다져 고추와 소금을 넣고 숙성시킨 것뿐인데도 모두를 매료시키는 전통의 마법 조미료이다.

나마즈메아와세오카엣타오미소시루
生詰あわせみそを使ったおみそ汁
(나마즈메아와세미소를 사용한 미소시루)

인기 있는 '나마즈메아와세미소('나마즈메'라는 종류의 사케를 혼합한 미소)'를 사용한 즉석 미소시루. 정확한 '분동(저울 추)' 모양에 창업자의 이름 한 글자 '금金'이 새겨진 포장이 볼거리!

오키나와

피야시ぴーやし

다카나료칸高那旅館

다카나료칸의 인기 향신료

다케토미竹富섬에서 가장 오래된 숙소

이시가키石垣섬에 자생하는 덩굴식물인 히하쓰모도키ハツモドキ의 붉은 열매를 가루로 만든 '시마코쇼島こしょう(섬 후추)'로, 야에소바八重そば, 육류, 볶음 등 다양한 요리에 사용할 수 있다. 상큼한 매운맛과 풍미가 있는, 시간과 정성을 들여 만든 수제 향신료이다.

미야자키

마키시마무マキシマム(맥시멈)

나카무라식육中村食肉

미야자키의 나카무라식육이 마을의 작은 정육점이었던 1985년에 '고기를 맛있게 먹었으면 좋겠다'는 일념으로 고안한 오리지널 향신료. 분말 간장이 포인트. 이제는 전국구 상품이 되었고, 내추럴 버전도 등장해 일본 전역의 고기를 맛있게 만들어준다.

 오키나와의 향신료 이것저것

오키나와의 음식점 테이블 위에 작은 새빨간 '시마토가라시島とうがらし(섬 고추)'가 아와모리泡盛(오키나와 증류주로 조미료로도 사용된다) 병 안에 떠 있는 것을 볼 수 있다. '고레구스コーレーグース'라고 불리며 오키나와 소바에 어울리는 '오키나와의 타바스코'와 같은 존재다. 또 하나는 '피야시ぴーやし' '히바치ヒバーチ' '피파쓰ピパーツ' '시마코쇼'라고도 불리는 향신료. 맛은 '피야시'(위쪽), 잎은 '주시 가마보코'(57쪽)에 소개되어 있다. 두 식물 모두 섬에 깊이 뿌리를 내리고 있다.

현지 라멘 & 면류

우동이나 소바만이 현지 면요리는 아니다. 라멘은 현재 외국인들에게도 인기 있는 '일본식' 면 중 하나다. 대륙에서 전해진 중화라멘이 오랜 세월에 걸쳐 일본 각지에서 진화한 '향토라멘'이 눈길을 끈다. 라멘 이외에도 다양한 개성을 가진 면이 이미 새로운 식문화로 현지에 뿌리내리고 있거나, 많은 전설을 남긴 맛집이 있는 등 크게 발전했다. 현지인처럼 먹는 방법과 함께 그 세계를 조금 들여다보자.

홋카이도

그린멘 グリンめん
다무라제면공업田村製麵工業

오타가 아니다. '그린green'이 아닌 '그린멘'이 정답인 홋카이도 도카치에서 만들어지는 현지 면이다. 녹색 면의 비밀은 도카치의 클로렐라 공장에서 생산된 클로렐라를 함유하고 있기 때문이다.

홋카이도

가도야노야키소바
角屋のやきそば
가도야 角屋

1956년 홋카이도 탄광의 도시 비바이美唄에서 탄광 노동자들이 더러운 손으로도 먹을 수 있는 봉지 야키소바를 식당 가도야에서 제공한 것이 시초. '젓가락을 쓰면 지는 것', 그것이 비바이의 정신이다.

이와테

페롯코라멘 べろっこラーメン
오야마제면 小山製麵

쫄깃쫄깃한 식감이 중독성 있는 '페롯코우동'(127쪽)이 인기인 오야마제면. 이 회사에서 나오는 넓은 면의 국물 있는 라멘은 담백한 간장 맛. 먹으면 마치 완탕을 먹는 듯한 느낌이다.

라멘스프카미 ラーメンスープ華味
베루식품 ベル食品

홋카이도

간판 상품이 된 '징기스칸타레'(132쪽)가 등장하기 2년 전, 베루식품의 창업 아이템은 캔에 담긴 '라멘 국물'이었다. 포장마차에서 먹던 라멘을 집에서도 만들 수 있게 되었다.

마루타카야라멘 まるたかやラーメン
마루타카야 まるたかや

> 도야마

전쟁 후 도야마역 앞에 있던 오뎅 노점의 원조인 마루타카야라멘. 라드를 추출하고 남은 아부라카스油かす(기름 부스러기, 크래클링)를 단골손님들이 라멘에 토핑으로 얹어 먹는 것으로 유명해졌다. 오뎅 국물로 끓인 명물 '부타쿠시豚串(돼지고기 꼬치)'는 라멘을 기다리는 동안 꼭 먹어야 할 메뉴이다.

도리추카 鳥中華
미우라식품みうら食品

> 야마가타

야마가타 소바집의 마카나이가 그 뿌리라고 할 수 있는 주카멘中華めん. 소바집에서 제공하는 메밀 국물 베이스의 일본식 중화요리 국물에 먹는다. 닭고기, 덴카스, 김, 파로 완벽한 토핑이 된다.

차로멘 チャーローメン
기소야木曽屋

> 나가노

야키소바 같지만 국물이 있고, 라멘 같지만 양고기를 사용한 우스터 소스 풍미의 '로멘ローメン'. '차로멘炒肉麵(볶은 고기 면)'으로 불리던 나가노현 이나다니伊那谷의 소울푸드를 집에서 즐긴다.

소쿠세키(즉석) 스가키야라멘
即席スガキヤラーメン
스가키야식품寿がきや食品

> 아이치

1946년 나고야시 사카에米의 '아마토노미세甘党の店'에서 시작된 '어패류의 풍미+담백한 돈코쓰' 라멘으로, 26년 전에 즉석 식품으로도 나왔다. 나고야에서는 가게에서도 집에서도 '스가키야 라멘'이다.

덴카고멘 주카소바
天下ご麺 中華そば
조호쿠멘코城北麺工

> 야마가타

'야마가타 하면 소바'이지만, 라멘 가게가 많고 소바집에서 파는 주카소바를 생각하면 '야마가타 하면 주카소바'라고도 할 수 있다. 집에서는 소바처럼 먹기 위해 국물이 없는 주카중화 건면이 기본이다.

아이치

오코사마스파게티 お子様スパゲティ
메이조식품 名城食品

다른 현의 부드러운 면 스파게티는 가루 조미료가 들어 있지만, 나고야는 다르다. 토마토맛이 나는 면은 주황색으로, 볶거나 데치기만 하면 되어 아이 혼자서도 쉽게 조리할 수 있는 '오코사마(어린이) 스파'가 있다. 도시락의 빈틈을 메워주는 대표 면요리.

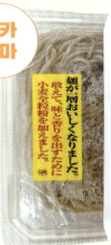

스와키코라쿠추카소바 すわき後楽中華そば
파인푸드네트워크 ファインフードネットワーク

오카야마

약 60년 전 오카야마에서 '스와키가구점'이 시작한 '스와키코라쿠추카소바'. '쇼유라멘醬油老麵'에 곁들여지는 아삭아삭한 매실도 명물이며, 60년이라는 긴 세월 동안 현지인에게 사랑받고 있는 깊은 맛이다.

짬뽕멘 チャンポンめん
이토멘 イトメン

효고

나가사키 짬뽕과는 무관하다. 담백한 소금 베이스의 국물과 새우와 표고버섯 고명(이라고 할까, 말린 재료라고 할까?)이 특징이다. 1963년부터 계속 사랑받는 상품.

와카야마

덴카케라멘 てんかけラーメン
교쿠린 玉林園

에도시대에 창업한 와카야마의 찻집 교쿠린이 운영하는 음식점 '그린코너'의 명물. 다 마실 수 있는 국물이 자랑인 라멘으로, 특징인 '덴카스, 홍생강, 미역' 토핑이 준비되어 있다.

오카야마

1966년에 탄생한 오카야마의 소울푸드. 연간 180만 개가 팔리는 삶은 스파게티. '쿠루도(크루도)crùdo'는 이탈리아어로 '생生'이라는 뜻이다. 생면이 아니라 삶은 면이지만.

쿠루도스파게티시키멘 오카야마인스턴트면岡山インスタント麺 クルードスパゲティ式めん

구마모토

소후토스파게티 ソフトスパゲティ 오가와야小川屋

구마모토에서 40년 이상 사랑받아온 '소후토(소프트)스파게티'. 제조사였던 미야모토산업宮本産業은 2020년 구마모토 폭우로 피해를 입어 폐업했다. 나가사키현 시마바라島原시의 오가와야가 그 맛을 부활시켰다.

도쿠시마

긴짱라멘 金ちゃんラーメン 도쿠시마제분徳島製粉

도쿠시마 현지인의 소울푸드인 즉석면. 1967년 출시된 추억의 간장 라멘으로, 서일본에서는 이미 스테디셀러. 원래는 '밀가루 긴쓰루金鶴(황금빛 학)'의 '긴金'이어서 포장지의 캐릭터가 긴짱이 아니었지만, 지금은 정식으로 긴짱이 되었다. '긴짱누들' '도쿠시마라멘'도 도쿠시마의 대표 음식이다.

도쿠시마라멘

긴짱누들

오이타 / 야세우마 やせうま
요쓰이제면공장 四井製麵工場

향토요리 '야세우마'의 유래로 여겨지는 전설. 헤이안시대, 분고노쿠니豊後国에 유모 야세八瀬와 함께 숨어 살던 어린 군주 쓰루키요마로鶴清麿가 있었다. 밀가루를 얇게 펴서 콩가루를 뿌린 간식이 마음에 들어 "야세, 우마. 야세, 우마."(우마=음식을 뜻하는 유아의 말)라고 조르기도 했다고 한다.

에히메 / 야와타하마 짬뽕 八幡浜ちゃんぽん
아이멘 愛麺

인구 4만 명에 40개 이상의 짬뽕 가게가 있는 에히메현 야하타하마八幡浜시. 돼지뼈가 베이스인 뽀얗고 진한 국물의 나가사키짬뽕을 바탕으로 독자적인 변화를 시도했다. 닭뼈, 가다랑어, 다시마 등으로 육수를 우려낸 황금빛의 담백한 국물이 특징이다.

규슈에서 짬뽕은 가정 요리. 면, 가마보코, 스프 등 재료가 간단하게 갖추어져 있다. 본격적인 뽀얀 돼지뼈 국물인 '완ワァン(왕)'은 짬뽕 국물의 왕답게 맛에 기품이 있다.

후쿠오카 / 나가사키 짬뽕 완 長崎ちゃんぽん ワァン
니비시간장 ニビシ醤油

오키나와 최초의 즉석면 '오키코라멘'은 1966년부터 생산되어 히트 상품이 되었지만, 본토 상품과의 가격 경쟁에 밀려 26년 전에 생산이 중단되었다. 8년 후, 부활을 바라는 현지인의 목소리에 부응하여 미니 사이즈로 다시 태어났다!

오키나와 / 오키코라멘 オキコラーメン
오키코 オキコ

4개입

제조 당시 제품

오키나와 / 야에야마소바 八重山そば
긴조제면소 金城製麵所

지금 이시가키섬에서 핫한 면요리 '가라소바からそば'. 구입한 '야에야마소바(삶은 것)' 봉지에 참치 캔 한 개와 가라소바 양념장(간장도 OK)을 넣기만 하면 완성되는, 조리시간 제로인 초간단 한 끼 요리!

면을 그릇에 넣고 뜨거운 물을 부어 먹는 타입의 순한 닭고기맛 라멘은 전성기에는 한 달에 250만 개를 생산했다. 생산이 중단되기 전에는 32년간 미니 사이즈가 아닌 일반 크기였다.

에필로그

178페이지, 400개가 넘는 '일본 전국 현지 반찬 여행', 수고 많으셨습니다! 많은 현지 반찬의 매력과 그 배경까지 즐겁게 맛보셨나요?

이 책은 지금까지 '일본 현지 대백과 시리즈'의 일환으로 '현지 빵'과 '현지 간식' '현지 아이스크림' '현지 맛집 체인'의 뒤를 잇는 책이다. 이번에도 지금까지와 마찬가지로 '현지 반찬'의 현재 모습뿐만 아니라 옛날 공장이나 제조 풍경을 담은 사진, 복고풍의 포장지, 추억의 광고 등도 수록했다.

먼저, 게재된 수많은 상품에 대해 취재에 협조해준 분들과 이미지와 귀중한 자료 등을 제공해준 제조사 및 매장 관계자 여러분께 진심으로 감사드린다. 나 자신도 그 많은 사진에 놀라고 즐거웠으며, 글을 쓰면서 시간 여행을 한 기분이다.

소개한 제품들은 내가 현지 슈퍼에서 구입한 것들이다. 대부분 맛있게 먹었다. 가끔은 입맛에 맞지 않는 경우도 있었지만, 그것이 바로 현지의 맛이고 현지인들에게 깊은 사랑을 받고 있는 현지 반찬이다. 외지에서 온 여행자의 입맛에 맞추지 않고, 현지인의 입맛에 맞춰주어 정말 감사하다. 잘 먹었습니다!

2012년 처음으로 '현지 슈퍼'를 주제로 한 책을 출간한 이후, 슈퍼마켓 연구가로 활동하고 있다. 자비를 들여 전국의 슈퍼를 돌아다니며 신문과 잡지에 슈퍼와 현지 음식의 매력을 전하는 것이 나의 생업이다. 육아에서 드디어 해방된 지난해에는 1년간 캠핑카로 전국 각지의 슈퍼를 찾아다니며 매일 세끼를 현지 슈퍼의 도시락과 반찬을 먹으며, 꿈꾸던 슈퍼 라이프를 실천했다. 여행 중 만난 많은 분들과의 만남이 이 책의 출판으로 이어진 것 같다. 이 자리를 빌려 진심으로 감사드린다.

여행 직후, 새로운 이야기가 쏟아져 나오는 시기에 이 책의 집필을 의뢰받았다. 이보다 더 좋은 타이밍은 없다! 이 시리즈를 지금까지 키워온 다쓰미출판의 히로세 유시 씨, 편집과 디자인을 담당하는 플랜링크의 오미 야스오 씨와 오미 세이카 씨 등의 팀과 함께 일하게 된 것은 행운이었다. 특히 편집진이 방대한 사진과 정보를 꼼꼼히 조사하고 분류하고 구성하고 허가까지 받아주어서 글쓰기에 집중할 수 있는 환경을 만들어주었다. 진심으로 감사드린다.

그리고 이 책을 손에 들고 끝까지 읽어주신 현지 반찬 팬 여러분. 정말 정말 감사합니다. 언젠가 일본 어딘가, 소문으로만 듣던 멋진 현지 슈퍼에서 만나 뵙겠습니다.

스가와라 요시미

반찬 리스트

이 책에서 소개한 반찬을 도도부현별로 정리했습니다.(지역과 반찬 이름은 가나다순)

	종류	반찬	일본어 독음	쪽
가가와 香川	채소	말린 콩 절임	쇼유마메	95
	어묵	새우 어묵	에비텐	52
가고시마 鹿児島	어묵	어묵 튀김	쓰케아게	56
	육가공/미소	흑돼지 미소	구로부타미소	28, 121
	육가공/미소	흑돼지 유자 미소	구로부타유즈미소	121
가나가와 神奈川	육가공	스테이크햄	스테키하무	63
고치 高知	생선/채소	가다랑어 생강 고추기름 절임	쇼가노코이	120
	소스	가쓴토오야지노 닌니쿠누타		153
	채소	만능 반찬 생강	반노오카즈쇼가	120
	건어물	말린 상어	후카노테쓰보시	54
	생선	순살 가다랑어 스틱	히메가쓰오스틱	56
	해산물	양념 가다랑어	도사노아카카쓰오	26
교토 京都	양념/소스	교노소바오우동다시		140
	면	교후싯포쿠		129
	면	니신소바		129
	해산물	데친 갯장어	하모노유비키	46
	육가공	만두	세미교자	113
	양념	미산쇼		151
	해산물	뱅어 산초 조림	지리멘산쇼	23
	양념/소스	복각판 오지카소스	홋코쿠반 오지카소스	140
	두부/유부	수제 유부	데즈쿠리아부라아게	93
구마모토 熊本	육가공	구운 족발	기와미톤소쿠	71
	육가공	내장 미소 조림	후게쓰노미소니코미호루몬	72
	두부/유부	두부 미소 절임	도후노미소즈케	98
	두부/유부	상온 보관 유부	난칸아게	99
	두부/유부	성게 식감 두부	야마우니토후	98
	면	소후토스파게티		160
	육가공	족발	후게쓰노톤소쿠	72
	해산물	후리카케	고한노토모	28
군마 群馬	채소(곤약)	곤약 미소 오뎅	쓰키노우사기 덴가쿠미소오뎅	83
	육가공	곱창 조림	니하치구루마야 간소 모쓰니	62
	육가공	돼지 내장	호루몬	61
	간장	쇼다노쇼유		136
	면	조슈히모카와		127

	종류	반찬	일본어 독음	쪽
기후 岐阜	두부/유부	겨자 두부	가라시토후	91
	육가공	메이호햄		67
	육가공	묘가타햄		67
	미소	박나무 잎 미소구이	호바미소	20
	채소	붉은 순무 절임	아카카부라즈케	89
	육가공	뿌려 먹는 햄버그	한바구	108
	채소	순무 채소 절임	메시도로보즈케	88
	두부/유부	양념 두부	고모토후(아지쓰키)	90
	두부/유부	유부 간장 절임	아게즈케	90
	채소/신선식품	줄무늬 꼬투리 콩	시마사사게	101
기후(히다) 岐阜(飛騨)	육가공	게짱(양념 닭구이)		74, 75
기후岐阜 나가노長野	생선/신선식품	염장 방어	시오부리	59
나가노 長野	육가공	갈매기살과 돼지 곱창	도야마호루몬	65
	채소	노자와나 절임	노자와나즈케	21
	육가공	닭고기와 닭내장	도야마토리호루	65
	곤충	땅벌 유충 조림	하치노코 하나쿠요니	109
	곤충	메뚜기 조림	이나고칸로니	109
	육가공	부채꼴 소시지	오기가타소세지	66
	생선	빙어 튀김	와카사기카라아게	42
	채소	순무 잎 무염 절임	슨키	89
	조미료	시치미토가라시		148
	육가공	양고기구이	도야마징기스	64
	육가공	양념 돼지 곱창	데무친	65
	면	차로멘		158
나가사키 長崎	양념/소스	긴초소스 우스터		144
	육가공	양념 고기	가미쓰시마 돈짱	70
	두부/유부	참깨 두부	고마토후	97
	육가공	포크 소시지		70
나라 奈良	채소(곤약)	뭉친 실곤약	곤냐쿠핫표	94
	그 외	호지차죽	차가유노차	23
니가타 新潟	조미료	간즈리		148
	낫토	낫토(여름낫토)	아지쓰케 다이리키낫토	20
	낫토	낫토(여름낫토)	고쿠산(국산)다이리키낫토	20
	육가공	닭날개 채소국	마타기지루	107
	건식품	밀기울	시바타후	45
	두부/유부	통유부	도치오아부라아게	84

	종류	반찬	일본어 독음	쪽
도야마 富山	미소	니혼카이미소		148
	생선	다시마 숙성 사시미	도야마노 곤부지메	35
	어묵	다시마말이 어묵	곤부마키 가마보코	38
	어묵	다시마말이 어묵(붉은색)	아카마키 가마보코	38
	그 외	달걀 한천묵	벳코(에비스)	108
	면	마루타카야라멘		158
	건어물	말린 매오징어	호타루이카노스보시	45
	건어물	명태채	후부키타라	45
	어묵	세공 어묵	사이쿠 가마보코	37
	간장	아난탄쇼유(우스쿠치)		136
	해산물	오징어 먹물 젓갈	이카쿠로즈쿠리 구로즈쿠리	20
	어묵	호쿠호쿠 어묵	호쿠호쿠오뎅	36
	어묵	흰살생선 어묵	쓰루기 (야키가쿠/시구레)	36
도치기 栃木	두부/유부	두부피 사시미	도쿠요유바	82
	두부/유부	두부피 조림	닛코유바	82
	두부/유부	두부피 튀김	유바사시	82
	두부/유부	두부피 튀김(원형)	시모쓰카레	106
	곡류/채소 외	술지게미 조림	아지즈케유바니	82
도쿠시마 徳島	면	긴짱누들		160
	면	긴짱라멘		160
	면	도쿠시마라멘		160
	그 외	메밀쌀죽	소바마이조스이	118
	어묵	생선가스	쓰쿠시노 횟슈카쓰	52
	해산물	오분자기 조림	가이쓰케나가레코	119
	두부	이야 두부	이야도후	95
	해산물	탁상 조미김	다쿠조노리	26
	채소/해산물	풋고추 절임	미마카라	152
돗토리 鳥取	어묵	구운 원통형 두부 어묵	도후노야키	51
	미소	긴잔지미소	긴잔지미소	115
	어묵	날치 어묵	아고치쿠와	51
	낫토	낫토	가미노쓰부	115
	어묵	도미 어묵	다이치쿠와	51
	해산물/채소	오징어 누룩 절임	스루메고지즈케	25
	어묵	원통형 두부 어묵	도후치쿠와	50
	간장	이나사 사시미쇼유		142
	육가공	하와이안 포치키(매운맛)		68

	종류	반찬	일본어 독음	쪽
미야기 宮城	채소/신선식품	무화과	이치지쿠	100
	채소/신선식품	뿌리 달린 미나리	네즈키세리	100
	두부/유부	삼각 유부	산카쿠조기아부라아게	78
	육가공	센다이 쇼잔칸 소시지		60
	미소	이치센본자쿠라 긴조미소		146
	채소	차조기 미소말이 구이	시소마키	79
미야자키 宮崎	쓰유	가쓰오아지아마쿠치		144
	쓰유	다카치호쿄쓰유		144
	양념/소스	도무라혼텐노야키니쿠노타레		145
	양념	마키시마무(맥시멈) (허브 솔트)		156
미에 三重	어묵	반원형 어묵	이세지한페이	43
	그 외	쌀과자	이나카아라레	112
	간장	이세시마아오사쇼유		138
	면	이세우동·양념		128
	어묵	참마 어묵	이세한페이	43
	채소	토란대 절임	구키즈케	92
	간장	하사메즈		138
	해산물	훈연 가다랑어	가쓰오나마부시	46
사가 佐賀	어묵	다진 생선살 튀김	마고리노 민치텐	57
	두부/유부	달콤 참깨 간장 두부	고도후(푸루린)	97
	간장	독큐바라코이쿠치쇼유		144
	두부/유부	두부 튀김	마보로시노아쓰아게	96
	간장	사쿠라우스구치쇼유		144
	미소시루	오미소야산노 쿠라즈쿠리미소시루		154
	육가공/미소시루	이마리규노 규미소시루 (소고기 미소시루)		154
	간장	혼조조사쿠라코이쿠치쇼유		144
	미소시루	후와후와타마고노 오스이모노		154
사이타마 埼玉	간장	긴부에겐엔쇼유		136
	채소	샤쿠시나 절임	샤쿠시나즈케	83
	면	쓰유쓰케니보토		128
	미소	양념 미소	지치부오나메	17
	미소	지치부미소		146
시가 滋賀	채소(곤약)	붉은 곤약	하치만아카콘냐쿠	92
	해산물/채소	줄새우 콩 조림	에비마메니	114
시마네 島根	어묵	매콤 어묵 튀김	아카텐	48
	해산물	미역	이타와카메	24

	종류	반찬	일본어 독음	쪽
시즈오카 静岡	미소	가지 생강 미소	젠 긴잔지미소	108
	채소	생와사비 절임	와사비즈케	21
	식초	엔메이스		138
	해산물	와사비 김	와사비노리	110
	건어물	정어리포	간바라이와시케즈리부시	19
	생선	참치 통조림	마구로아부라즈케	110
	생선	참치 통조림(플레이크)	마구로후레쿠아부라즈게	110
	건어물	치어포	다다미이와시	45
	후리카케	후리카케	간소 다누키무스비노모토	111
시코쿠	식초	유노스, 유즈스 (유자식초)		143
아오모리 青森	미소(과립)	가네사다시이리미소		147
	미소(과립)	가네사아마미소		147
	해산물	간장 다시마	쇼유콘부	32
	채소/신선식품	긴 콩나물	나가모야시(네부타다이즈모야시)	100
	면	나베야키우동		126
	해산물	다시마 간장 절임	쓰루타로	15
	건어물	다진 다시마	낫토콘부	44
	채소	다진 채소 미소 절임	난반미소	105
	두부/유부	달걀 두부	다마고토후	77
	채소	무 절임	쓰가루즈케코부쿠로	105
	생선/신선식품	상어 머리	아부라자메	58
	해산물	성게 전복국	간소이치고니	104
	수산가공품/튀김	얇은 사각 어묵	다이카쿠텐	33
	생선/신선식품	왕밤송이게	도게쿠리가니	59
	해산물	작은 청어알 절임	아지요시	14
	생선	청어 초밥	니신스시	33
	해산물	청어알 다시마 절임	쓰가루야사부로즈케	104
	해산물	청어알 무 절임	가인쓰가루즈케	105
	해산물	청어알 절임	네부타즈케	14
	미소(과립)	히이 후우 미소시루.		147
아오모리青森 등 도호쿠 일대	해산물	연어알젓 & 명란젓	스지코 & 다라코	16
아이치 愛知	채소/신선식품	가지	덴구나스	101
	미소	골드아카다시		149
	양념/소스	디럭스 고이쿠치 소스		139
	면	미소니코미우동		128
	면	소쿠세키(즉석) 핫초미소니코미우동		128

	종류	반찬	일본어 독음	쪽
아이치 愛知	미소/소스	쓰케테미소카케테미소		149
	간장	야마시시로쇼유(특급)		138
	면	오코사마스파게티		159
	면	즉석 스가키야라멘	소쿠세키스가키야라멘	158
	카레	즉석 카레	소쿠세키카레	150
	하이라이스	즉석 하야시도비	소쿠세키하야시도비	150
	어묵	핑크 어묵	아카보	43
	미소	핫초미소		149
	미소시루	핫초미소노오미소시루		149
아키타 秋田	미소시루	낫토 미소지루	낫토지루노모토	13
	생선/신선식품	도루묵	하타하타	59
	쓰유(백쯔유)	반노시라쓰유 가쿠시아지		134
	쓰유	반노쓰유 아지도라쿠노사토		134
	건어물	분말 다시마	훈마쓰 낫토콘부	44
	어간장	숏쓰루		134
	그 외	으깬 밥 꼬치구이	기리탄포	79
	면	이나니와호시우동		126
	채소	훈제 단무지	긴노이부리갓코	80
	간장	히나이지도리수프		134
아키타秋田 야마가타山形	채소/신선식품	식용국화	쇼쿠요기쿠	100
야마가타 山形	채소	가지 절임	페초라즈케	81
	채소	국화 채소 절임	반기쿠	81
	채소	다진 낫토 절임	유키와리낫토	16
	면	덴카고멘 주카(중화)소바		158
	면	도리추카		158
	간장	아지마루주		135
	면	야마가타니쿠소바		126
	양념/소스	이모니노타레		135
	면	하구로소바		127
야마구치 山口	간장	간로쇼유		143
	미소	무기미소(우스지오)		152
	어묵	생선 크로켓	오카토라노교롯케	49
	해산물	성게 절임	이소우니	116
	해산물	알갱이 성게 절임	쓰부우니	116
	어묵	원통형 어묵	니기리오카토라치쿠와	49
	후리카케	차조기 미역	시소와카메	118

	종류	반찬	일본어 독음	쪽
야마나시 山梨	쓰유	덴요노다시쓰유 비미산		137
	면	요시다노우동		127
	해산물	전복 조림	아와비니가이	42
에히메 愛媛	면	마쓰야마나베야키우동		129
	어묵	뼈째 만든 전갱이 갈치 어묵	자코텐푸라	53
	어묵	뼈째 만든 흰살생선 어묵	조자코텐	53
	육가공/해산물/채소 외	스키야키풍 조림	에돗코니	119
	면	야와타하마짬뽕		161
	두부/유부	얇은 두부 튀김	마쓰야마아게	96
	미소/소스	오뎅미소		153
	어묵	유부말이 어묵	아게마키	54
	미소	이요노미소		153
	미소시루	이요노미소시루		153
	생선/미소	잔멸치 미소	이리코미소	120
	어묵	핑크 어묵포	케즈리 가마보코	53
오사카 大阪	양념/소스	구시카쓰소스		141
	해산물	김 조림(쓰쿠다니)	이소지만 노리노리	22
	채소	물가지 절임	미즈나스노쓰케모노	93
	양념/소스	산카이부시		151
	양념/소스	아사히폰즈		141
	채소/신선식품	우엉	아오와카고보	101
	양념	파포		150
	어묵	폭신 달걀 어묵	아쓰야키	48
	어묵	폭신 달걀 어묵(매실 모양)	우메야키	48
	채소	표고버섯 조림	하나시타케	112
오이타 大分	미소/소스	가라시스미소(식초미소)		154
	미소시루	나마즈메야와세오카엣타오미소시루		155
	육가공	닭고기밥 재료	요시노토리메시노모토	122
	미소/소스	스미소(식초미소)		154
	양념	아오유즈코쇼(청유자 고추 페이스트)		155
	면	야세우마		161
	미소	오후쿠로아와세		155
	육가공/미소시루	이키테루미소 마루야카돈지루		155
	미소시루	이키테루미소 마루야카미소시루		155
	미소	이키테루아와세		155

	종류	반찬	일본어 독음	쪽
오카야마 岡山	면	가모가와우동		129
	면	스와키코라쿠추카(중화)소바		159
	육가공	치킨라이스 분말	치킨라이스노모토	116
	채소/해산물	콩 다시마 조림	아지마메	116
	면	쿠루도스파게티시키멘		160
오키나와 沖縄	채소/신선식품	그린파파야	아오파파야	101
	채소/신선식품	당근	시마닌진	101
	육가공	돼지 곤약국(류큐 요리 국물 시리즈)	이나무도치	125
	육가공	돼지 곱창국(류큐 요리 국물 시리즈)	나카미지루	125
	양념/소스	드림 No.1 스테이크 소스		145
	두부/유부	땅콩 두부	지마미도후	99
	육가공	류큐 요리 국물 시리즈	오키하무노류큐리시루모노	124
	해산물/신선식품	바다포도	우미부도	59
	육가공	비프스튜		123
	육가공	삼겹살국(류큐 요리 국물 시리즈)	소키지루	125
	양념	고레구스(섬 고추 술 절임)		156
	양념	피야시(섬 후추)	히바시, 피파쓰, 시마코쇼	156
	채소/신선식품	수세미	나베라	101
	두부/유부	순두부	유시도후	29
	육가공	스팸		29
	면	야에야마소바		161
	육가공	염소국(류큐 요리 국물 시리즈)	야기지루	124
	육가공	오징어 먹물국(류큐 요리 국물 시리즈)	이카지루	124
	면	오키코라멘		161
	육가공	족발국(류큐 요리 국물 시리즈)	데비치	125
	어묵	주먹밥 어묵 튀김	주시 가마보코	57
	어묵	카레맛 주먹밥 어묵 튀김	블랙 주시	57
	육가공	콘비프 해시	콘비후핫슈	123
	육가공	포루토기스 소시지		73
와카야마 和歌山	생선	곰치 튀김	우쓰보아게니	114
	두부/유부	달걀 두부	노코란 다마고도후	115
	면	덴카케라멘		159
	미소	도키와미소		151
	어묵	우엉말이 어묵	고보마키	47
	어묵	정사각 어묵	난반야키	47
	두부/유부	참깨 두부	고야산고마도후	94
	양념/소스	하구루마 토마토케첩		142

	종류	반찬	일본어 독음	쪽
이바라키 茨城	낫토	무말랭이 소립 낫토	소보로낫토	18
	낫토	볏짚 발효 낫토	와라낫토	18
이시카와 石川	육가공/채소	가나자와식 조림	지부니	107
	어묵	게맛살	가오리바코	41
	채소/신선식품	금시초	긴지소	101
	간장	나옷페쇼유 고이쿠치		136
	해산물	대구알 조림	다라노코아지쓰케	19
	해산물	말린 오징어	마루보시이카 (나카아리)	39
	생선	미꾸라지 꼬치구이	도조카바야키	38
	채소/신선식품	오이	가가후토큐리	101
	어간장	오징어 내장 어간장	이시리	137
	식초	우즈마키 스노모토		138
	어묵	원통형 어묵	비타민치쿠와	40
	채소/신선식품	적단호박	우쓰기아카가와아마구리가보차	101
	어간장	정어리 어간장	요시루	137
	어간장	정어리 전갱이 어간장	이시루	137
이와테 岩手	면	도로로우동	이시루	127
	면	모리오카자자멘		126
	채소	속을 채운 오이 절임	긴콘즈케	76
	식초	스노모토		132
	쓰유	시니세오아지 쓰유		134
	채소	오이 절임	시와큐리	78
	해산물/신선식품	우유병에 담긴 성게	규뉴빈이리나마우니	58
	면	페롯코라멘		157
	면	페롯코우동		127
지바 千葉	생선	고래 육포	구지라노타레	34
	미소	땅콩 미소	피낫쓰미소	17
	육가공	마늘맛 곱창	모쓰닌니쿠즈케	62
	간장	시모사쇼유		136
	채소	월과 절임	뎃포즈케	84
홋카이도 北海道	면	가도야노야키소바		157
	채소	고추 간장 절임	산쇼즈케	12
	면	그린멘		157
	생선	꽁치 쌀겨 절임	누카산마	32
	양념/소스	나마라무센요타레		133
	미소	도모에 이나카미소 시로쓰부		147
	미소	도모에 이나카미소 아카쓰부		147

	종류	반찬	일본어 독음	쪽
홋카이도 北海道	양념/소스	도카치부타돈노타레		133
	양념/소스	도쿠센진기스칸		133
	육가공	돼지 내장	호루몬	61
	과립 수프	라멘스프카미		157
	쓰유	멘미		132
	채소	삶은 라완 머위	라완부키	76
	해산물/신선식품	삶은 문어 아가미	다코사사메	58
	건어물	실 다시마	도로로콘부	44
	채소	야마와사비 간장 절임	야마와사비쇼유즈케	12
	미소시루	오토쿠요 즉석팩	오투쿠요 소쿠세키파쿠	146
	건어물	진미채	하코다테코가네	44
	양념/소스	징기스칸타레		132
	미소	호호에미코잇텐		146
	양념/소스	홋카이도샤부샤부노타레 진타레후미		132
효고 兵庫	해산물	김 조림(쓰쿠다니)	아라!	22
	양념	미잔		151
	양념/소스	바라소스		141
	해산물	염장 다시마	시옷페	113
	면	짬뽕멘		159
	육가공	폴 비엔나	포루윈나	68
후쿠시마 福島	채소	낫토 절임	유키미즈케	15
	미소	마늘 미소	가라시미소	60
	육가공	말 사시미	바사시	60
	생선	연어 젓갈	아부쿠마노고요즈케	34
	해산물/채소	오징어 당근 절임	다테노이카닌진	106
	달걀	온천 달걀(라듐 달걀)	라지우무타마고	13
	채소	차조기 단무지말이 절임	나가쿠보노 시소마키	80
	채소	차조기 오이말이 절임	나가쿠보노 큐리노하나	80
후쿠오카 福岡	해산물	관자 술지게미 절임	아리아케즈케 가이바시라스즈케	122
	면	나가사키짬뽕 완		161
	육가공	보르시	보르시치 그란마노아지	121
	해산물	해초묵	하코자키오큐토	27
후쿠이 福井	두부/유부	두부 같은 유부 튀김	에이헤이지아게	87
	채소	붉은 토란대 절임	스코	88
	육가공	소와 돼지 내장 조림	호루몬	63
	육가공	소와 돼지 내장 조림(심장, 위 등)	시로호루몬	63
	채소	으깬 콩	다카하시노 우치마메	85

	종류	반찬	일본어 독음	쪽
후쿠이 福井	해산물	자른 미역	모미와카메	39
	두부/유부	정사각 통유부	다니구치야노, 오아게	85
	두부/유부	참깨 두부	가이세키고마토후	86
	두부/유부	참깨 두부	고마토후	86
	두부/유부	참깨 두부	에이헤이지 사치야노고마토후	87
	두부/유부	호두 참깨 두부	구루미고마토후	86
히로시마 広島	미소	가오루카산노아지		151
	미소	골든신조미소		152
	미소	가키다시이리미소(굴 육수 미소)		152
	해산물	굴간장맛 김	미야지마카키노쇼유아지쓰케노리	24
	해산물	굴간장맛 김	가키쇼유아지쓰케노리	25
	육가공	닭날개 튀김	와카토리노테바사키	69
	양념/소스	덴코 오코노미소스		142
	미소시루	다이다시이리미소시루 (도미 육수 미소시루)		152
	후리카케	명란젓 후리카케	아카리	117
	미소	무기미소(중간단맛)		151
	어묵	생선 크로켓	간스	51
	식초	소노만마스노모노		143
	해산물/채소(곤약)	알배기 곤약	고모치콘냐쿠	94
	양념/소스	오타후쿠 오코노미소스		142
	미소	이나카미소		152
	미소시루	소쿠세키가키다시이리미소시루 (즉석 굴 육수 미소시루)		152
	후리카케	차조기 후리카케	유카리	117
	후리카케	청차조기 후리카케	가오리	117

일본의 각 지방 이름

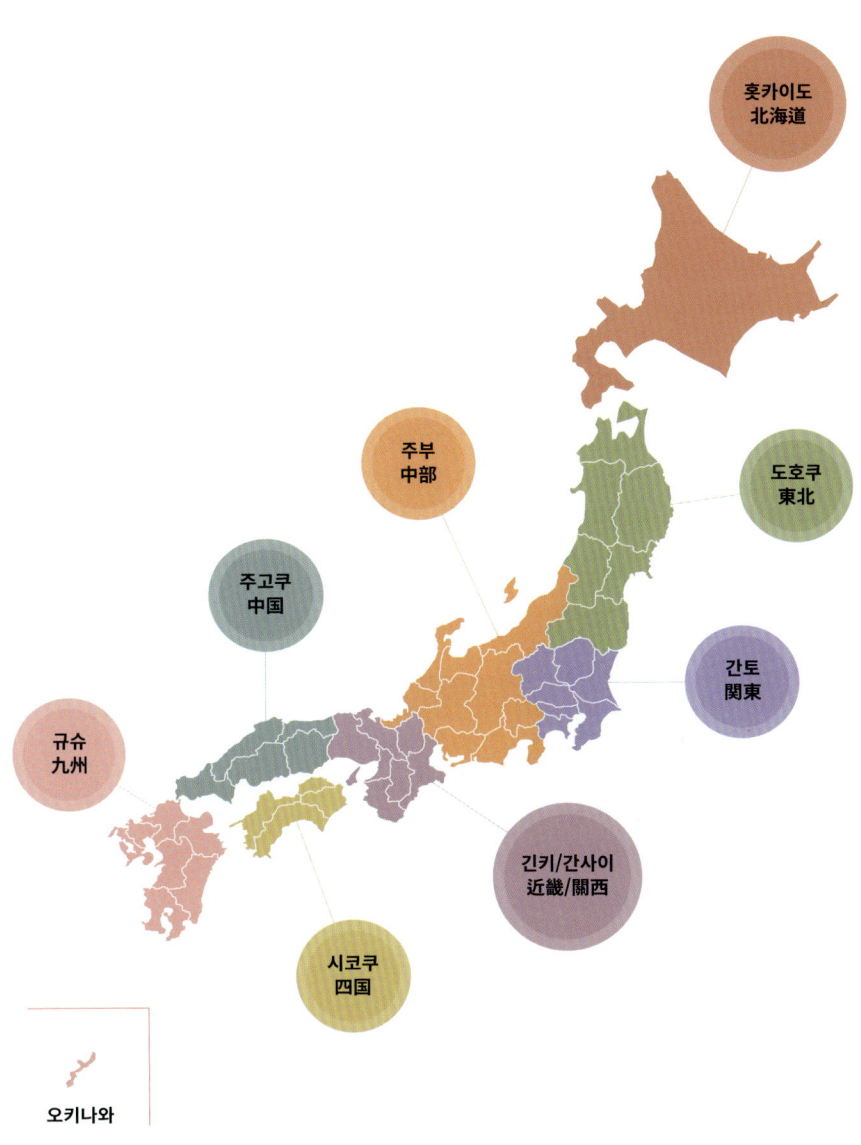

일본의 각 지방별 47개 행정구역

홋카이도(北海道)
- 홋카이도(北海道)

도호쿠(東北)
- 아오모리(青森)
- 이와테(岩手)
- 아키타(秋田)
- 미야기(宮城)
- 야마가타(山形)
- 후쿠시마(福島)

간토(関東)
- 이바라키(茨城)
- 도치기(栃木)
- 군마(群馬)
- 사이타마(埼玉)
- 지바(千葉)
- 도쿄(東京)
- 가나가와(神奈川)

주부(中部)
- 니가타(新潟)
- 도야마(富山)
- 이시카와(石川)
- 후쿠이(福井)
- 야마나시(山梨)
- 나가노(長野)
- 기후(岐阜)
- 시즈오카(静岡)
- 아이치(愛知)

긴키(近畿)/간사이(關西)
- 미에(三重)
- 시가(滋賀)
- 나라(奈良)
- 와카야마(和歌山)
- 교토(京都)
- 오사카(大阪)
- 효고(兵庫)

주고쿠(中国)
- 오카야마(岡山)
- 히로시마(広島)
- 돗토리(鳥取)
- 시마네(島根)
- 야마구치(山口)

시코쿠(四国)
- 가가와(香川)
- 도쿠시마(徳島)
- 에히메(愛媛)
- 고치(高知)

규슈(九州)
- 후쿠오카(福岡)
- 사가(佐賀)
- 나가사키(長崎)
- 오이타(大分)
- 구마모토(熊本)
- 미야자키(宮崎)
- 가고시마(鹿児島)
- 오키나와(沖縄)